**표지 설명**

등장 인물 / 다나카 나오코, 빌리 화이트, 신한수, 김영철, 이민정

# 혼자 공부하는 한국어

Exploring Korean Workbook

중급 I

경희대학교 국제교육원
Institute of International Education

## Exploring Korean Workbook (Intermediate Book Ⅰ)


- **By** Kim Jung-Sup, Lee Jung-Hee, Kim Young-Ran, Jang Mi-Ra, Choi Moon-Seok
  Institute of International Education, Kyung Hee University
- **Telephone** : 82-2-961-0081/2 • **Fax** : 82-2-959-9018
- **Homepage** : http://iie.khu.ac.kr • **E-mail** : iie@khu.ac.kr



**Published by Kyung Hee University Press**

- **Address** : 26 Kyunghee-daero, Dongdaemun-gu, Seoul 130-701, Korea
- **Telephone** : 82-2-961-0106~8 • **Fax** : 82-2-962-8840
- **Homepage** : http://www.khupress.com • **E-mail** : press@khu.ac.kr
- **First edition published 2004**
- **Reprinted with Corrections 2007, 2009, 2010, 2012, 2014**
- **Printed in Korea at the Kyung Hee University Press**

- **Cover Design** : Shin Young-Seong
- **Illustrator** : Lee Mi-Kyung





ISBN 978-89-8222-129-3
ISBN 978-89-8222-126-2 (SET)

₩ 16,000 (CD included)

경희대학교 국제교육원에서는 초급에서 고급까지 전 6권에 걸쳐 완간한 교재의 활용도를 높여 교사와 학습자에게 이상적인 교육 여건을 제공하기 위해 워크북을 개발해 왔다. 지난해 9월 그 첫 결과물로서 '혼자 공부하는 한국어 초급 Ⅰ, Ⅱ'를 발간하였으며, 이번에 '혼자 공부하는 한국어 중급 Ⅰ, Ⅱ'를 출판함으로써 완성을 보게 되었다.

이번에 개발한 중급 워크북은 학습자의 문법적 정확성 및 어휘 능력을 향상시키기 위한 연습을 비롯하여 각각의 언어 기능을 통합적으로 발달시키기 위해 듣기, 읽기, 말하기, 쓰기 기능별로 다양한 연습을 제시하였다. 또한 교재와의 유기적인 상호작용이 가능하도록 구성하는 한편, 영역별로 학습 평가를 단계적으로 배치하여 학습의 효율 증대 및 긍정적인 피드백 제공이 가능하도록 노력하였으며, 이를 토대로 학습자가 능동적이고 자기 주도적으로 학습할 수 있도록 배려하였다. 본 워크북을 사용하는 교사에게는 수업의 부교재 또는 교재 활용을 위한 안내서로서의 역할도 가능할 것이다.

교재의 완간에 이어 한국어 학습자를 위한 워크북의 발간이라는 열매를 맺게 되었다. 초급 교재를 준비하던 것이 불과 얼마 전의 일처럼 생생한데 어느덧 워크북의 완간이라니, 여러 면에서 감회가 새롭다. 아직 해야 할 많은 일들이 있기는 하나, 한국어 교육 자료를 개발함으로써 한국어 교육 환경의 발전을 위해 조금이나마 기여할 수 있게 되어 기쁘다. 여기에 담긴 많은 사람들의 관심과 열정이 피워낸 결실일 것이다. 경희대학교 국제교육원에서는 지금의 작은 결실을 양질의 교육을 제공하기 위한 환경 조성의 첫걸음이라 생각하고, 학습자의 다양한 요구에 부합하는 프로그램 개발과 한국어 교육의 질적인 향상, 교육 환경 개선 등을 위해 끊임없이 노력할 것을 약속 드린다.

한국어 교육에 늘 깊은 관심과 애정을 보여 주시는 경희대학교 조인원 총장님, 안영수 전 국제교육원 원장님께 감사드린다. 또한 좋은 수업을 하기 위해 노력을 아끼지 않으시는 한국어 선생님들, 그리고 무엇보다 더 나은 교재와 워크북의 개발을 위해 그간 최선의 노력을 다해 주신 집필자 여러분들과 마무리 작업을 도와 주신 임채훈, 윤연진, 박선희 선생님께 진심으로 감사드린다.

2012년 8월 20일
경희대학교 국제교육원
원장 김 중 섭

# 일러두기

**1** 본 워크북의 집필 방향은 다음과 같다.

- 경희대학교 「한국어」 중급 교재와 함께 사용하는 숙제장으로 학습자 스스로 연습할 수 있게 구성한다.
- 다양한 학습자가 자습서로 사용할 수 있도록 교재에 제시된 기본 학습 내용과 심화 학습 내용을 함께 제공한다.
- 단어 · 문법 등을 정확하게 사용할 수 있도록 하는 연습 위주로 구성한다. 이를 통해 의사소통 활동 중심으로 구성된 주 교재를 보완한다.
- 학습자의 의사소통 능력 향상을 위해 다양한 담화 상황 속에서 연습이 이루어질 수 있게 구성한다.
- 학습자의 이해를 돕기 위해 학습 내용과 관련된 시각적 자료를 제시한다.
- 주 교재에서 다루지 못한 어휘나 표현, 한국 문화를 맥락 속에 자연스럽게 소개하여 학습자의 흥미를 유발한다.

**2** 본 워크북은 중급 1, 2권으로 구성되어 있다. 각 권의 구성은 다음과 같다.

| | 1권 | 2권 |
|---|---|---|
| 머리말 | 인사의 말 | |
| 일러두기 | 교재 이용 방법 | |
| 차례 | 1~8과 구성표 | 1~8과 구성표 |
| 본 단원 | 1~8과 | 1~8과 |
| 부록 | 모범 답안<br>듣기 지문<br>듣기 CD 별첨 | |

**3** 각 단원은 어휘 I, 문법, 듣고 말하기, 읽기 I · II, 어휘 II, 쓰기 I · II, 형성 평가, 관련 어휘 순서로 구성하였다. 효율적인 교재 이용을 위해 구성 의도와 이용 방법을 소개한다.

**어휘** 어휘 I 은 주 교재 단원의 주제, 기능을 학습하는 데 필요한 핵심 어휘, 중요 표현 등을 이해하고 확장할 수 있도록 담화 맥락 속에서 재구성하였으며, 어휘 II 는 주 교재에서 학습한 기본 어휘를 맥락 속에서 활용할 수 있도록 어휘 연결하기, 주제어 찾기, 의미에 맞는 어휘 찾기 등의 다양한 유형으로 제시하여 연습할 수 있도록 하였다.

**문법** 주 교재에 제시된 문법 항목을 순서대로 두어 학습자가 쉽게 찾아 연습할 수 있도록 구성하였으며, 실제 대화 상황과 유사한 맥락에서 자연스럽게 익힐 수 있도록 짧은 대화와 함께 활용 · 연습할 수 있도록 하였다.

**듣고 말하기** 주 교재에서 학습한 주제와 기능, 문법을 포함하고 있는 구어체 위주의 대화로 구성하여 말하기 연습에 응용할 수 있게 하였다. 먼저 대화를 듣고 주요 문형과 발음을 연습한 후, 단답형, 사지선다형 등의 문제를 통해 들은 내용을 확인할 수 있도록 하였다. 또한 대화 지문을 본문 아래에 두어 학습자가 실제 대화 상황에 응용해 볼 수 있도록 유의미한 말하기 연습으로 구성하였다.

**읽기** 주 교재 단원의 주제와 관련된 글을 제시하였으며, 주 교재에서 학습한 어휘, 문법, 표현 등을 맥락 속에서 이해할 수 있도록 구성하였다. 또한 실생활에서 접할 수 있는 다양한 텍스트들을 통해 학습자가 한국의 문화를 이해 할 수 있도록 하였다.

**쓰기** 쓰기 I 은 주 교재의 주제, 기능 등과 관련하여 어휘 · 문법 요소 알맞게 쓰기, 단락 구성하기, 글 완성하기 등의 기본적인 글쓰기 과정이 이루어지도록 하였으며, 쓰기 II 는 쓰기 I 의 확장으로 문답형식을 통하여 주제에 맞게 한편의 글을 완성할 수 있도록 순차적 글쓰기를 제시하였다.

**형성 평가** 각 단원마다 형성 평가를 두어 학습한 내용을 학습자 스스로 확인하고 부족한 점을 보완할 수 있도록 하였다. 듣기 10문항, 어휘 5문항, 문법 10문항, 읽기 5문항으로 구성하여 총 30문제의 시험지 형식으로 구성하였다.

**관련 어휘** 각 단원의 주제, 기능과 관련된 핵심 어휘와 중요 표현을 정리, 제시하여 학습자들의 이해를 도왔다.

4 부록을 두어 학습자가 자습할 수 있게 하였다. 답안 제시가 가능한 경우에는 모범 답안을 실었고, 듣기 지문을 모아서 단원별로 제시하였다.

# 차 례

## 중급 I

| | |
|---|---|
| 머 리 말 | 5 |
| 일러두기 | 6 |
| 차 례 | 8 |
| 교재 구성 | 10 |

| | | |
|---|---|---|
| 제 1 과 | 첫인상 | 13 |
| 제 2 과 | 취미 | 36 |
| 제 3 과 | 직장 생활 | 60 |
| 제 4 과 | 환불 | 84 |
| 제 5 과 | 날씨와 생활 | 106 |
| 제 6 과 | 여행 | 132 |
| 제 7 과 | 정보 | 156 |
| 제 8 과 | 편지 | 178 |

| | |
|---|---|
| 모범 답안 | 200 |
| 듣기 지문 | 216 |

## 중급 Ⅱ


머 리 말 ........ 5

일러두기 ........ 6

차 례 ........ 8

교재 구성 ........ 10

제 1 과 이사 ........ 13

제 2 과 음식과 요리 ........ 36

제 3 과 돌잔치 ........ 58

제 4 과 분실 ........ 83

제 5 과 건강 ........ 108

제 6 과 환경 ........ 131

제 7 과 한글 ........ 154

제 8 과 옛날이야기 ........ 179

모범 답안 ........ 202

듣기 지문 ........ 218

# 교재구성

| | 제1과 첫인상 | 제2과 취미 | 제3과 직장 생활 | 제4과 환불 |
|---|---|---|---|---|
| 기능 | · 인물 묘사하기<br>· 성격 설명하기<br>· 친구 소개하기 | · 취미 소개하기<br>· 반말로 이야기하기<br>· 일의 목적 서술하기 | · 자기 소개하기<br>· 설문 조사 실시 및 결과 발표하기<br>· 장래 설계하기 | · 교환 및 환불하기<br>· 도움 요청하기<br>· 시장 추천하기 |
| 어휘 | · 인상 관련 어휘<br>· 면접 관련 어휘 | 취미 관련 어휘 | · 지위 관련 어휘<br>· 직장 생활 관련 어휘 | · 실(實)<br>· 들다 |
| 문법 | –느라고, –(으)ㄴ 지, –게 되다, –(ㄴ/는)다면, –에 대해(서), –(으)며, –게, (마치) –처럼, –적, –아/어 가다/오다 | 반말, –(으)ㄹ 줄 알다/모르다, –기는 하지만, –는 중이다/–중이다, –아/어 보이다, –(으)면서, –는데, –을/를 통해서, –기 위해서, –(이)나 | –나 보다/–(으)ㄴ가 보다, –네요, –잖아요, –았었/었었–, –아/어 놓다/두다, (아무리) –아/어도, –자마자, –(으)ㄴ/는지 (알다/모르다), –(으)ㄴ/는 만큼/–만큼 | –는 바람에, 얼마나 –(으)ㄴ지 모르다, –더군요, –(으)ㄹ까 하다, –거든요, 아무 –도/아무 –(이)나, –나요?/–(으)ㄴ가요?, –에 따르면, –에 비해(서) |
| 발음 | ㅡ/ㅓ | ㅈ/ㅊ | 연음법칙 | 된소리되기 |
| 듣고 말하기 | 친구들의 첫인상 | 취미 생활과<br>취미 생활의 필요성 | 직장에서의 첫인사 | 교환 · 환불하기 |
| 읽기 | · 사람은 첫인상만으로 알 수 없다?<br>· 신입 사원의 성공적인 첫인상 만들기 | · 장수와 취미 생활<br>· 자전거 백 배 즐기기 | · 직업의 조건<br>· 보다 즐거운 직장 생활 만들기 | · 피해사례(서적, 음반, 교재/자동차 대여/여행) |
| 쓰기 | · 문장 완성하기<br>· 친구 소개 | · 문장 짓기<br>· 나의 취미 | · 인터뷰하고 글 쓰기<br>· 내가 갖고 싶은 직업 | · 순차적 글쓰기<br>· 우리나라의 시장 |

| | 제5과 날씨와 생활 | 제6과 여행 | 제7과 정보 | 제8과 편지 |
|---|---|---|---|---|
| 기능 | · 안내 방송 이해하기<br>· 일기 예보 보고 계획 세우기<br>· 인용문을 이용하여 들은 내용 전하기 | · 광고 보고 여행지 결정하기<br>· 비행기 표 예매하기<br>· 여행에 관한 보고서 작성하기 | · 충고 및 조언하기<br>· 도서 대출하기<br>· 인터넷 정보 찾기 | · 축하 카드 쓰기<br>· 우편 배달 방법 비교/대조하기<br>· 정보 전달 매체의 장단점 주장하기 |
| 어휘 | 날씨 관련 어휘 | 여행 관련 어휘 | · 컴퓨터 관련 어휘<br>· 화(化) | · 불(不)<br>· 부(不) |
| 문법 | –던, –아/어지다, –라고 하다, –(ㄴ/는)다고 하다, –냐고 하다/묻다, –(으)ㄴ/는걸 보니까, –(으)ㄹ 정도이다, ㅅ 불규칙, –(으)로 인해(서), –만에 | –다니요?, –(으)ㄹ 만하다, –더라고요, –(으)ㄴ/는 데다가, –아/어 가지고, –에 따라(서), –(으)므로, –껏 | –(으)라고 하다, –자고 하다, –(으)ㄹ 텐데, –는 대로, –기만 하면 (되다), –에 의해(서), 피동, 사동 | –(으)ㄴ/는 김에, –(ㄴ/는)다고들 하다, –더라도, 어차피 –(으)니까, –에다가, –(으)로는 –이/가 그만이다, –더러/보고, –만 하다, –고 나서, –는 한 |
| 발음 | 거센소리되기 | 구개음화 | 'ㅎ' 묵음 | ㅂ/ㅍ/ㅃ |
| 듣고 말하기 | 날씨와 인간 생활 | 여행 경험 이야기하기 | 정보 매체 이용 | 편지 |
| 읽기 | · 날씨와 마케팅<br>· 오늘 내가 감기에 걸릴 가능성은? | · 여행의 의미<br>· 각국의 주말 연휴 시대 | · 정보화 사회<br>· 인터넷 정보 사냥 | · 각종 초대장<br>· 선생님께 |
| 쓰기 | · 계절별 특징 및 날씨 소개문 쓰기<br>· 내가 좋아하는 계절 | · 자기 나라 소개하기<br>· 잊을 수 없는 여행 | · 글 완성하기<br>· 정보의 중요성 | · 답장 쓰기<br>· 사랑하는 부모님께 |

# 등장인물

**타나카 나오코**

일본 도쿄에서 온 여학생.
경희대학교에서 한국어를 배우고,
대학원에 진학하여 국제 관계를
전공하고 있다.

**빌리 화이트**

미국 뉴욕에서 온 청년.
나오코와 함께 한국어를 배웠고,
지금은 광고 회사에 취직하여 해외 홍보를
담당하고 있다.

**신한수**

나오코의 대학원 선배.
후배들에게 관심이 많은 자상한 성격으로, 부인과 딸이 있다.

**이민정**

나오코의 대학원 친구.
모형 만들기와 여행을 좋아하며, 나오코의 대학원 생활을 많이 도와주고 있다.

**김영철**

빌리의 직장 동료.
일을 아주 잘하지만 건망증이 있어서 물건을 잘 잃어버린다.

## 어 휘 I

1. 다음은 인상에 대해서 이야기할 때 쓰는 말입니다. 어떤 뜻인지 알아보고 빈칸에 알맞은 말을 찾아 쓰십시오.

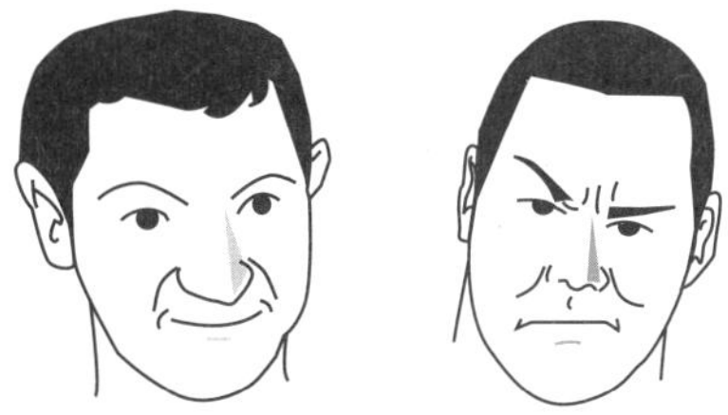

보기 인상이 나쁘다 인상이 좋다 인상을 받다 인상을 펴다 인상을 주다 인상을 쓰다

1) 오늘은 한국어 수업을 처음 시작하는 날입니다. 우리 반 친구들은 ______. ______ 사람도 있지만 아마 마음은 착한 사람일 것입니다.

2) 사람들은 대부분 기분이 나쁘면 ______. 하지만 기분이 좋아지면 다시 ______.

3) 항상 웃고 있는 사람은 다른 사람들에게 어떤 ______? 여러분은 그런 사람에게서 어떤 ______?

인상이 깊다, 인상에 남다

2. 다음은 면접에 대해서 이야기할 때 쓰는 말입니다. 어떤 뜻인지 알아보고 빈칸에 알맞은 말을 찾아 쓰십시오.

보기 면접을 보다 면접에 붙다 면접에(서) 떨어지다

1) 회사에서 신입 사원을 뽑을 때 여러 가지 시험이 있습니다. 모든 회사마다 마지막에는 ______.

2) ______기 위해서는 첫인상이 중요합니다.

3) 면접을 보는 동안 자신이 하고 싶은 말을 제대로 못하면 ______.

3. 다음에 제시한 단어는 학문의 종류입니다. 어떤 것을 연구하는 학문인지 알아보고 빈칸에 알맞은 말을 찾아 쓰십시오.

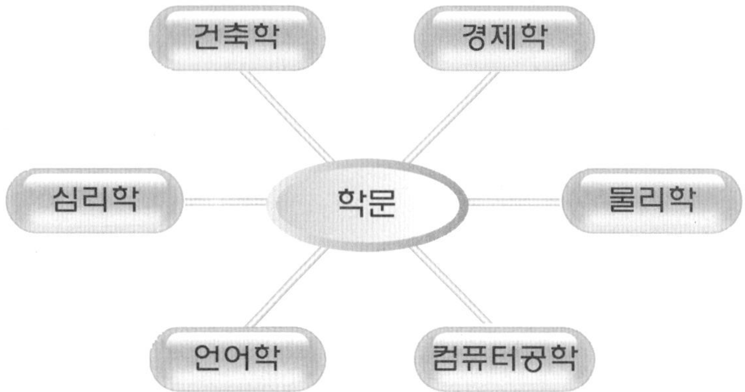


1) 건축물과 관계가 있는 이론이나 기술을 연구하는 학문을 ______ 이라고 합니다.

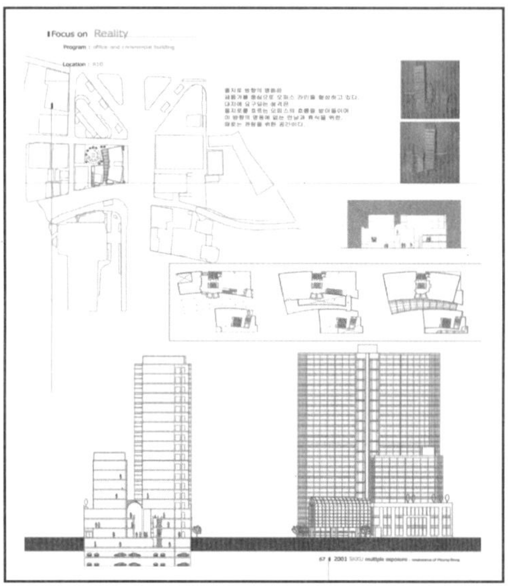


2) 인간이 사용하는 언어를 연구하고 그 특징을 밝히는 학문을 ______ 이라고 합니다.

3) 인간의 경제 활동을 연구하는 학문을 ______ 이라고 합니다.

4) 컴퓨터와 관계가 있는 이론이나 기술을 연구하는 학문을 ______ 이라고 합니다.

5) ______ 은 물질의 구조와 특성을 수학적이고 과학적으로 연구하는 학문입니다.

6) ______ 은 인간이나 동물의 생각과 행동을 연구하는 학문입니다.

## 문 법

### 1 동작동사 느라고

1. 어떤 일을 했기 때문에 그 시간에 다른 일을 하지 못했습니다. 그래서 좋지 못한 결과가 생겼습니다. '-느라고'를 사용하여 다음 두 문장을 연결하십시오.

1) 텔레비전을 보다 / 늦게 자다
⇨ 텔레비전을 보느라고 늦게 잤어요.

2) 책을 읽다 / 밤을 새우다
⇨

3) 음악을 듣다 / 부르는 소리를 못 듣다
⇨

4) 친구 전화를 기다리다 / 외출도 못하다
⇨

2. 지금 그 일을 왜 합니까? 그 일을 하는 목적을 〈보기〉에서 골라 대화를 완성하십시오.

| 보기 | 좋은 집을 구하느라고 | 다이어트를 하느라고 |
|---|---|---|
| | 돈을 찾느라고 | 필요한 책을 찾느라고 |

1) 가 : 점심시간에 어디 갔다 왔어요?
나 : 돈을 찾느라고 은행에 갔다 왔어요.

2) 가 : 왜 그것밖에 안 먹어요?
나 : ____ 조금씩만 먹고 있어요.

3) 가 : 집은 구하셨어요?
나 : 아니요. ____ 아직 돌아보고 있어요.

4) 가 : 어디 가세요?
나 : ____ 도서관에 가요.

## 2 동사 (으)ㄴ 지

1. 그 일을 한 후 지금까지 얼마나 지났습니까? '-(으)ㄴ 지 (시간) 되다/지나다/흐르다'를 사용하여 이야기해 보십시오.

1) 그 친구를 만나다 : 일주일
⇨ 그 친구를 만난 지 일주일 됐어요.

2) 밥을 먹다 : 두 시간
⇨

3) 감기에 걸리다 : 사흘
⇨

4) 용돈을 받다 : 한 달
⇨

5) 테니스를 하다 : 한참
⇨

6) 취직하다 : 얼마 안 되다
⇨

2. 다음 질문에 대답하십시오.

1) 가 : 한국에 온 지 얼마나 됐어요? (일주일)
나 : 일주일쯤 됐어요.

2) 가 : 그 회사에 다닌 지 얼마나 됐어요? (삼 개월)
나 :

3) 가 : 운전한 지 얼마나 됐어요? (십 년)
나 :

4) 가 : 이사한 지 얼마나 됐어요? (얼마 안 되다)
나 :

## 3 동작동사 게 되다

● 어떤 상황이나 조건 때문에 자연스럽게 일어나는 변화를 이야기하려고 합니다. '-게 되다'를 사용하여 문장을 완성하십시오.

1. 날씨가 더우면 (에어컨을 켜다)
   ⇨ 날씨가 더우면 에어컨을 켜게 돼요.
2. 갑자기 돈이 생기면 (필요 없는 물건을 사다)
   ⇨
3. 모르는 말도 자주 들으면 (알다)
   ⇨
4. 부모님이 보고 싶을 때는 (사진을 보다)
   ⇨
5. 비가 와서 (여행을 연기하다)
   ⇨
6. 준비를 못 해서 (시험에 떨어지다)
   ⇨

## 4 동사 (ㄴ/는)다면

● 아직 일어나지 않은 일을 생각하고, 그런 상황에서 할 수 있거나 생길 수 있는 일을 이야기하려고 합니다. '-(ㄴ/는)다면'을 사용하여 다음 두 문장을 연결하십시오.

1. 대통령을 만나다 / 같이 사진을 찍다
   ⇨ 대통령을 만난다면 같이 사진을 찍고 싶어요.
2. 우리 반 친구들과 같이 노래방에 가다 / 정말 재미있다
   ⇨
3. 다시 태어나다 / 남자보다는 여자가 되다
   ⇨
4. 약속 시간이 기억나지 않다 / 수첩을 찾아보다
   ⇨
5. 품질만 좋다 / 비싸도 괜찮다
   ⇨

6. 내가 영화감독이다 / 이 소설을 영화로 만들다

⇨

## 5 명사 에 대해(서)

어떤 것을 대상으로 하여 생각하거나 행동하고 있는 것을 이야기하려고 합니다. '-에 대해서/대한'을 사용하여 문장을 만드십시오.

1. 빌리, 휴가 계획, 생각하고 있다
   ⇨ 빌리 씨는 휴가 계획에 대해서 생각하고 있어요.

2. 나오코, 취직, 생각하고 있다
   ⇨

3. 민정, 한국 역사, 공부하고 있다
   ⇨

4. 빌리, 한국 문화, 강의를 듣고 있다
   ⇨

5. 한수, 컴퓨터, 책을 읽고 있다
   ⇨

6. 영철, 호텔 경영, 보고서를 쓰고 있다
   ⇨

## 6 상태동사 게

〈보기〉에서 알맞은 말을 골라 대화를 완성하십시오.

보기: 늦게 따뜻하게 싸게 크게 짧게 행복하게

1. 가 : 결혼을 축하합니다.
   나 : 감사합니다. 행복하게 살겠습니다.

2. 가 : 영철 씨, 왜 그렇게 머리가 짧아요?
   나 : 날씨가 너무 더워서 ______ 잘랐어요.

3. 가 : 나오코 씨, 옷이 정말 멋있네요. 얼마 주고 샀어요?
나 : 별로 안 비싸요. ________ 샀어요.

4. 가 : 오늘 왜 지각했어요?
나 : 죄송합니다. 어젯밤에 잠이 안 와서 ________ 잤어요.

5. 가 : 추우니까 ________ 입으세요.
나 : 네, 알겠습니다.

6. 가 : 민정 씨, 목소리가 너무 작아요. ________ 이야기하세요.
나 : 네, 알겠습니다.

## 7 동사 (으)며

다음은 두 가지 행동이나 특성을 가지고 있습니다. '-(으)며'를 사용하여 문장을 완성하십시오.

1. 고속전철 (빠르다 / 안전하다)
⇨ 고속전철은 빠르며 안전합니다.

2. 그 가수의 목소리 (깨끗하다 / 맑다)
⇨ ________

3. 에디슨 (과학자이다 / 발명가이다)
⇨ ________

4. 빌리 씨 (웃다 / 말하다)
⇨ ________

## 8 (마치) 명사 처럼

다음 사람들은 어떤 특징이 있을까요? 그와 비슷한 특징을 가지고 있는 주변 사람들을 '-처럼'을 사용하여 소개해 보세요.

1. 농구 선수 : 농구 선수처럼 키가 커요.
2. 인형 : ________
3. 모델 : ________
4. 아이 : ________
5. 아인슈타인 : ________
6. 영화배우 : ________

## 9 명사 적

〈보기〉에서 알맞은 말을 골라 문장을 완성하십시오.

| 보기 | 과학적 | 남성적 | 사회적 | 한국적 |
|---|---|---|---|---|

1. 인간은 사회적 인 동물입니다.
2. 이 건물에서 ______ 인 아름다움을 느낄 수 있습니다.
3. 한글은 ______ 으로 만든 글자입니다.
4. 레슬링은 ______ 인 운동입니다.

## 10 상태동사 아/어 가다/오다

예전부터 지금까지 계속되고 있는 일에는 '-아/어 오다'를, 아직 끝나지 않고 앞으로 계속될 일에는 '-아/어 가다'를 사용하여 대답하십시오.

1. 가 : 도서관에서 빌린 책은 다 읽었어요?
   나 : 다 읽어 가요.
2. 가 : 일은 다 끝났어요?
   나 : ______
3. 가 : 일기는 언제부터 썼어요?
   나 : 초등학교 때부터 ______
4. 가 : 감기는 좀 어때요?
   나 : ______

## 듣고 말하기

빌리와 왕영이 선생님과 친구들의 인상에 대해 이야기하고 있습니다. 잘 듣고 질문에 답하십시오.

1. 잘 듣고 빈칸에 쓰십시오.

   1) 우리 반 선생님은 ______________ 참 좋아요.

   2) 아마 여자 친구들에게 인기가 ______________ 같아요.

2. 잘 듣고 질문에 답하십시오.

   1) 왕영 씨는 선생님을 만난 지 얼마나 되었습니까?

   ______________________________

   2) 들은 내용과 같은 것을 고르십시오.

   □ 빌리와 왕영은 같은 반이다.
   □ 빌리는 왕영의 친구들을 만났다.
   □ 일본에서 온 친구는 착하게 생겼다.
   □ 미국에서 온 친구는 너그럽게 생겼다.

3. 다음 대화 상황 중에서 하나를 골라, 아래의 문법을 참고하여 대화를 만들어 보십시오.

■ 상황 ① 우리 반 친구들의 첫인상에 대해 이야기한다.
■ 상황 ② 한국 사람과 외국 사람의 인상에 대해 이야기한다.

| -(으)ㄴ 지 | -게 되다 | -게 | (마치) - 처럼 | -에 대해(서) |
|---|---|---|---|---|

가 :

나 :

가 :

나 :

가 :

나 :

가 :

나 :

가 :

나 :

**대 화**

빌 리 : 왕영 씨, 새로운 반 선생님하고 친구들은 어때요?
왕 영 : 우리 반 선생님은 첫인상이 참 좋아요. 선생님을 만난 지 2주일쯤 됐는데 벌써 좋아하게 됐어요.
빌 리 : 그래요? 저도 회사에 가면 사람들에게 그런 인상을 줄 수 있을까요?
왕 영 : 물론이죠. 빌리 씨도 첫인상이 참 좋았어요.
빌 리 : 고마워요. 참, 반 친구들의 첫인상은 어때요?
왕 영 : 이탈리아에서 온 친구가 있는데 영화 배우처럼 멋있게 생겼어요. 아마 여자 친구들에게 인기가 많을 것 같아요.
빌 리 : 다른 친구들에 대해서도 이야기해 주세요.
왕 영 : 일본에서 온 친구는 착하게 생겼고, 미국에서 온 친구는 점잖게 생겼어요.
빌 리 : 왕영 씨 이야기를 들으니까 저도 그 친구들을 만나 보고 싶어요.

## 읽기 I

알맞게 연결하십시오.

| | |
|---|---|
| 첫날 | 처음 오는 눈 |
| 첫눈 | 처음 태어난 딸 |
| 첫딸 | 처음 하는 사랑 |
| 첫사랑 | 처음 시작하는 날 |

다음 글을 잘 읽고 질문에 답하십시오.

### 사람은 첫인상만으로는 알 수 없다?

㉠첫인상으로 사람을 판단하지 말라는 말이 있습니다. 사람의 인상은 변하기 때문입니다. ( ㉡ ) 사람은 일반적으로 첫인상을 중요하게 생각합니다. 예를 들어 봅시다.

성격까지 똑같은 쌍둥이 형제 '명수'와 '진수'가 자기 소개를 하고 있습니다.

"제 이름은 명수입니다. 저는 부지런하고 약속을 잘 지키는 사람입니다. 하지만 성격이 급해서 실수를 하기도 합니다."

"저는 진수라고 합니다. 급한 성격 때문에 실수를 많이 합니다. 하지만 부지런하고 약속을 중요하게 생각하는 사람입니다."

두 사람 중에서 누가 더 좋은 첫인상을 줄 수 있을까요? 물론 명수입니다. 먼저 알게 된 정보가 나중에 안 정보보다 중요하기 때문입니다. 처음에 좋은 인상을 준 사람은 작은 잘못을 해도 쉽게 이해 받을 수 있습니다. 그러나 첫인상이 나쁜 사람은 ㉢그렇지 않습니다.

첫 만남이나 면접에서 따뜻한 인상을 주려고 노력합시다. ㉣그것이 한번 만들어진 나쁜 첫인상을 ( ㉤ ) 고생하는 것보다 훨씬 쉬우니까요.

1. ㉠의 이유를 윗글에서 찾아 쓰십시오.

2. ㉡에 알맞은 말은 무엇입니까?

□ 그리고 □ 그러니까 □ 그러나 □ 그러므로

3. 자기 소개에서 명수가 더 좋은 첫인상을 준 이유는 무엇입니까?

□ 성격까지 똑같기 때문입니다.
□ 나쁜 첫인상을 지웠기 때문입니다.
□ 보면 볼수록 인상이 달라지기 때문입니다.
□ 먼저 알게 된 정보가 나중에 안 정보보다 중요하기 때문입니다.

4. ㉢이 가리키는 문장을 찾아 쓰십시오.

5. ㉣이 가리키는 문장을 찾아 쓰십시오.

6. ㉤에 알맞은 말은 무엇입니까?

□ 지우며 □ 지우니까 □ 지운다면 □ 지우느라고

## 읽 기 II

다음에 제시한 동사를 사용하여 문장을 완성하십시오.

| 숙이다 | 열다 | 주다 | 띠다 |
|---|---|---|---|

1. 한국에서는 선생님께 인사를 드릴 때 머리를 ________.
2. 첫인상이 좋은 사람에게는 쉽게 마음을 ________.
3. 어떻게 하면 좋은 인상을 ________?
4. 누구나 기분이 좋으면 얼굴에 미소를 ________.

다음 글을 잘 읽고 질문에 답하십시오.

㉠

입사한 지 얼마 안 된 신입 사원의 첫인상은 직장생활에서 중요합니다. 좋은 첫인상은 주변 사람들과의 관계를 좋게 만듭니다. ( ㉡ ) 첫인상을 만들고 싶다면, 다음 세 가지를 잊지 마십시오.

첫째, 미소 띤 얼굴입니다. 미소 띤 얼굴은 좋은 인상을 주고 상대방의 마음을 열게 합니다. 회사에 들어갈 때 밝은 표정을 지어 보십시오. 그러면 당신의 마음도 가벼워지고 기분도 좋아질 것입니다.

둘째, 인사입니다. 회사 사람과 마주치면 먼저 인사하십시오. 하루에 몇 번이라도 좋습니다. 만날 때마다 인사하십시오. ( ㉢ ) 낯선 환경 때문에 생기는 어려움들이 사라질 것입니다. 인사를 할 때에는 머리만 숙이지 말고 허리도 조금 숙여 인사하는 것이 좋은 인상을 줍니다.

셋째, 단정한 옷차림입니다. '시간, 장소, 상황'에 맞게 옷을 입는 것이 좋습니다. 정장을 입어야 할 때와 편한 옷을 입어야 할 때를 알아야 합니다.

1. ㉠에 알맞은 제목을 고르십시오.

□ 좋은 첫인상의 장점
□ 미소 띤 얼굴의 중요성
□ 신입 사원의 성공적인 첫인상 만들기
□ 직장 생활에서 신입 사원에게 중요한 것

2. 신입 사원의 첫인상이 직장 생활에서 중요한 이유를 찾아 쓰십시오.

3. ㉡에 알맞은 말은 무엇입니까?

□ 성공　□ 성공의　□ 성공하는　□ 성공적인

4. 윗글에서 이야기한 좋은 첫인상을 만드는 방법이 아닌 것은 무엇입니까?

□ 밝은 표정　□ 미소 띤 얼굴
□ 가벼운 눈인사　□ 장소에 알맞은 옷차림

5. ㉢에 알맞은 말을 고르십시오.

□ 그러나　□ 그런데　□ 그러면　□ 그리고

6. 윗글의 내용과 다른 것을 고르십시오.

□ 회사 사람을 만나면 먼저 인사하십시오.
□ 시간, 장소, 상황에 맞게 옷을 입으면 좋은 첫인상을 줍니다.
□ 다른 사람에게 좋은 인상을 주고 싶다면, 밝은 표정을 지으십시오.
□ '인사' 로 좋은 인상을 만들 수 있으나 너무 자주 인사하면 실례가 됩니다.

## 어휘 II

1. 〈보기〉에서 알맞은 말을 골라 문장을 완성하십시오.

| 보기 | 상담하다 | 피하다 | 곤란하다 | 튼튼하다 | 정확하다 |
|---|---|---|---|---|---|

1) 갑자기 비가 와서 비를 ______(으)려고 가게로 들어갔어요.
2) 몸이 아플 때는 빨리 병원에 가서 의사 선생님과 ______(으)세요.
3) 이 글은 어렵기 때문에 ______게 이해하기가 어려워요.
4) 아이가 아프지 않고 ______게 잘 자라기를 바랍니다.
5) 대답하기 ______(으)ㄴ 질문을 받으면 어떻게 하세요?

2. 밑줄 친 말의 반대말을 쓰십시오

1) 한국어 문법은 아주 <u>간단해요</u>. ⇔ ______
2) 옷을 <u>화려하게</u> 입지 마세요. ⇔ ______
3) 화장을 너무 <u>진하게</u> 하면 안 좋아요. ⇔ ______
4) 이마가 아주 <u>넓어요</u>. ⇔ ______
5) 직장을 <u>얻었어요</u>. ⇔ ______

3. 사람의 관상에 대한 글입니다. 〈보기〉에서 맞는 특징을 골라 문장을 완성하십시오.

| 보기 | 코가 잘생기다 | 귀가 크다 | 이마가 넓다 | 눈이 빛나다 | 눈이 올라가다 |
|---|---|---|---|---|---|

1) ______(으)ㄴ/는 사람은 머리가 좋아요.
2) ______(으)ㄴ/는 사람은 재산과 명예를 얻어요.
3) ______(으)면 성격이 별로 안 좋아요.
4) ______(으)ㄴ/는 사람은 마음이 착해요.
5) ______(으)면 오래 살아요.

## 쓰 기 I

1. 〈보기〉의 조사를 이용하여 문장을 완성하십시오

| 보기 | -까지 | -도 | -부터 | -에 | -에서 | -와/과 | -(으)로 | -을/를 | -이/가 |
|---|---|---|---|---|---|---|---|---|---|

1) 회의가 1시 정각에 시작되기 때문에 1시 10분전 ( 에 ) 는 회의 장소에 도착해야 합니다.

2) 서울 시내에는 차 (  ) 많고, 사람 (  ) 많습니다.

3) 저는 시간이 있을 때마다 라디오 (  ) 듣습니다.

4) 제주도 (  ) 서울 (  ) 비행기 (  ) 1시간쯤 걸립니다.

5) 우리 반 학생들 중 (  ) 나오코 씨가 한국말을 제일 잘 해요.

6) 서점 (  ) 은행은 청운관 건물에 있습니다.

7) 이번에는 버스 (  ) 여행을 다녔기 때문에 한국말 (  ) 사람들과 대화를 많이 했습니다.

8) 농부들은 봄 (  ) 가을 (  ) 열심히 일을 합니다

9) 이번 공연은 지난 1일 (  ) 오는 15일 (  ) 입니다.

10) 저는 쌀 (  ) 만든 국수를 아주 좋아합니다.

2. 좋은 첫인상을 주기 위해서 어떻게 자기 소개를 할지 써 보십시오.

______________________________

______________________________

______________________________

3. 수업 시간에 교실에서 처음 만난 반 친구들에게 좋은 첫인상을 주고 싶습니다. 어떻게 하면 좋을까요? 또 나쁜 첫인상을 줄 수 있는 경우도 함께 생각해 봅시다.

| | 좋은 첫인상 | 나쁜 첫인상 |
|---|---|---|
| 얼굴 표정 | | |
| 인사법 | | |
| 옷차림 | | |

## 쓰 기 II

"친구 소개"라는 제목으로 글을 쓰려고 합니다. 다음의 순서에 따라 글을 완성하십시오.

1. 여러분이 소개하고 싶은 친구의 사진을 붙이고 다음 질문에 답하십시오.

1) 친구의 이름은 무엇입니까? ______________________

2) 어느 나라 사람입니까? ______________________

3) 취미는 무엇입니까? ______________________

2. 친구를 소개하는 데 필요한 단어를 다섯 개 고르거나 생각나는 단어를 쓰십시오.

| 험상궂다 | 무섭다 | 너그럽다 | 차갑다 | 단정하다 |
|---|---|---|---|---|
| 똑똑하다 | 귀엽다 | 따뜻하다 | 멋있다 | 다정하다 |

3. 위에서 고른 단어로 문장을 만드십시오.

1) ______________________

2) ______________________

3) ______________________________

4) ______________________________

5) ______________________________

4. 다음 질문에 답하십시오.

1) 그 친구를 언제 처음 만났습니까? ______________________________

2) 처음 만났을 때의 느낌은 어땠습니까? ______________________________

3) 친구와 친하게 된 계기는 무엇입니까? ______________________________

4) 그 친구의 가장 좋은 점은 무엇입니까? ______________________________

5. 1번부터 4번까지의 내용을 가지고 한 편의 글을 완성해 봅시다.

## 형성 평가

시간 50분 점수 /100

※ 각 문제는 3점씩입니다. 단, 16번부터 25번 문제는 각 4점씩입니다.

**【1~4】 잘 듣고 쓰십시오.**

1. ________ 2. ________
3. ________ 4. ________

**【5~6】 잘 듣고 빈칸에 쓰십시오.**

5. 화장은 ________이 좋으며, 화려한 액세서리는 피해야 합니다.
6. 관상은 얼굴의 모양으로 사람의 성격이나 ________ 것입니다.

**【7~8】 잘 듣고 질문에 답하십시오.**

7. 무엇에 대한 이야기입니까?

① 머리 ② 관상 ③ 이마 ④ 명예

8. 들은 내용과 다른 것을 고르십시오.

① 눈이 큰 사람은 겁이 없다.
② 귀가 큰 사람은 오래 산다.
③ 이마가 넓은 사람은 마음이 착하다.
④ 입가에 점이 있으면 먹을 복이 있다.

**【9~10】 대화를 잘 듣고 들은 내용과 같은 것을 고르십시오.**

9. ① 왕영의 첫인상은 좋다.
② 빌리는 첫인상이 나쁘다
③ 왕영은 선생님을 좋아한다.
④ 왕영은 선생님을 만난 지 일주일 되었다.

10. ① 일본에서 온 친구는 귀엽게 생겼다.
② 미국에서 온 친구는 점잖게 생겼다.
③ 이탈리아에서 온 친구는 영화배우이다.
④ 빌리는 왕영의 반 친구들을 모두 알고 있다.

## 【11~15】 다음 〈보기〉에서 알맞은 말을 골라 문장을 완성하십시오.

| 보기 | 요령 | 지원 | 인상 | 전공 | 전달 |
|---|---|---|---|---|---|

11. 경영학과에 (          )하게 된 동기가 무엇입니까?
12. 대학교에서는 무엇을 (          )했습니까?
13. 면접을 잘 볼 수 있는 (          )이/가 있으면 좀 가르쳐 주세요.
14. 면접을 볼 때 자신의 생각을 제대로 (          )하는 것이 중요합니다.
15. 면접관에게 좋은 (          )을/를 주어야 좋은 점수를 받을 수 있어요.

## 【16~17】 다음 중 맞는 문장을 고르십시오

16. ① 부모님이 오시느라고 공항에 갔어요.
② 매일 운동을 하느라고 몸이 건강해요.
③ 아침에 늦게 일어났느라고 지각했어요.
④ 샤워를 하느라고 벨소리를 못 들었어요.

17. ① 밥을 먹은 지 아주 되었어요.
② 한국에 왔는 지 한 달 되었어요.
③ 면접을 본 지 일주일만에 연락이 왔어요.
④ 한국 역사 공부를 시작한 지 얼마 되었어요.

## 【18~19】 다음 중 틀린 문장을 고르십시오.

18. ① 오후가 되면 시계를 자주 보게 됩니다.
② 인상이 좋은 사람을 보면 기분이 좋게 돼요.
③ 하숙을 하니까 한국 음식을 자주 먹게 되었어요.
④ 어려운 문법도 계속 공부를 하면 이해하게 돼요.

19. ① 비싸지 않다면 살 수도 있을 거예요.
② 염색을 한다면 회색으로 하고 싶어요.
③ 유학을 간다면 한국으로 가고 싶어요.
④ 요즘은 예약을 하지 않다면 표를 살 수 없습니다.

## 【20~21】 다음 〈보기〉에서 알맞은 말을 골라 문장을 연결하십시오.

| 보기 | -느라고 | -(으)ㄴ 지 | -(ㄴ/는)다면 | -(으)며 | -게 |
|---|---|---|---|---|---|

20. 공원에 가면 음악을 ______(듣다) 운동을 하는 사람을 많이 볼 수 있습니다.
21. 다음 문제를 읽고 질문에 ______(맞다) 대답하십시오.

## 【22~23】 다음 〈보기〉에서 알맞은 말을 골라 빈칸을 채우십시오.

| 보기 | -에 대해서 | -처럼 | -적으로 |
|---|---|---|---|

22. 오늘은 도우미하고 서로의 첫인상 ______ 이야기했어요.
23. 한국 대학생 중에는 모델______ 옷을 잘 입는 사람이 많아요.

## 【24~25】 다음 문법을 사용하여 대화를 완성하십시오.

24. 〈-게 되다〉

가 : 한국어를 배우는 특별한 이유가 있어요?
나 : 그냥 너무 재미있어서 ______

25. 〈-아/어 가다/오다〉

가 : 아직 일이 많이 남았어요?
나 : 아니요. 거의 ______

## 【26~30】 다음 글을 잘 읽고 질문에 답하십시오.

우리 반 친구들에 대해서 이야기하겠습니다. 먼저 중국에서 온 민영 씨는 똑똑하게 생겼습니다. 실제로 공부도 잘하고 언제나 눈이 반짝반짝 빛납니다. 또 친절해서 우리 반 친구들이 모르는 것을 잘 가르쳐 줍니다. 일본에서 온 카오리 씨는 눈이 크고 착하게 생겼습니다. 목소리도 작고 성격도 조용합니다. 사진 찍는 것을 좋아해서 늘 카메라를 가지고 다닙니다. 우리 반 친구들은 모두 카오리 씨가 찍어 준 사진을 가지고 있습니다. 독일에서 온 한스 씨는 (  ㉠  )처럼 차갑게 생겼습니다. 말을 하지 않으면 정말 무서워 보입니다. 하지만 마음은 따뜻합니다. 이야기를 할 때 미소를 띤 얼굴로 상대방의 눈을 보기 때문에 ㉡우리 반 친구들이 모두 좋아합니다. 프랑스에서 온 알랭 씨는 영화배우처럼 멋있게 생겼고 성격도 활발합니다. 파키스탄에서 온 알리 씨는 운동을 좋아합니다. 요즘은 태권도를 배우느라고 아주 바쁩니다.

26. 이 글은 무엇에 대해 이야기하고 있습니까?

① 우리 반 친구들을 소개하는 글입니다.
② 우리 반 친구들의 운명에 대한 글입니다.
③ 우리 반 친구들의 관상을 보고 쓴 글입니다.
④ 우리 반 친구들이 면접을 보고 쓴 글입니다.

27. ㉠에 알맞은 말은 무엇입니까?

① 곰 ② 공주 ③ 눈 ④ 얼음

28. ㉡은 무슨 뜻입니까?

① 우리 반 친구들하고 제일 친합니다.
② 우리 반 친구들에게 인기가 많습니다.
③ 우리 반 친구들이 좋아하는 인상입니다.
④ 우리 반 친구들의 사진을 가지고 다닙니다.

29. 인상과 성격이 다른 사람은 누구입니까?

① 민영 씨 ② 카오리 씨 ③ 한스 씨 ④ 알랭 씨

30. 윗글의 내용과 다른 것을 고르십시오

① 똑똑한 민영 씨는 수업 시간에도 눈이 반짝반짝 빛납니다.
② 조용한 카오리 씨는 친절해서 반 친구들의 공부를 잘 도와줍니다.
③ 마음이 따뜻한 한스 씨는 미소를 띤 얼굴로 친구들과 이야기합니다.
④ 운동을 좋아하는 알리 씨는 요즘 태권도를 배우기 때문에 바쁩니다.

## 관련 어휘

### 인상과 관상에 관련된 어휘 · 표현

- 똑똑하게 / 험상궂게 / 귀엽게 생겼다
- 얼음처럼 차갑게 / 영화 배우처럼 멋있게 생겼다
- 관상을 / 손금을 보다
- 눈이 반짝반짝 빛나다 – 머리가 좋다
- 눈이 너무 크다 – 겁이 많다
- 눈이 위로 올라갔다 – 성격이 별로 안 좋다
- 이마가 넓다 – 마음이 착하다
- 귀가 크다 – 오래 산다
- 코가 잘생겼다 – 재산과 명예를 얻는다
- 입가에 점이 있다 – 먹을 복이 있다

### 면접에 관련된 어휘 · 표현

- 지원한 동기
- 앞으로의 계획
- 경영학 / 법학 / 교육학 / 철학 / 역사학을 전공하다
- 면접관
- 옷차림 / 헤어스타일 / 표정
- 좋은 인상을 주다
- 옷을 단정하게 입다
- 화장을 진하지 않게 하다
- 화려한 액세서리를 피하다
- 미소를 띠다
- 제대로 전달하다
- 분명히 표현하다
- 당황하지 말고 간단히 대답하다
- 속어를 쓰지 않다

## 어 휘 I

1. 다음은 취미에 대해서 이야기할 때 쓰는 말입니다. 어떤 뜻인지 알아보고 빈칸에 알맞은 말을 찾아 쓰십시오.

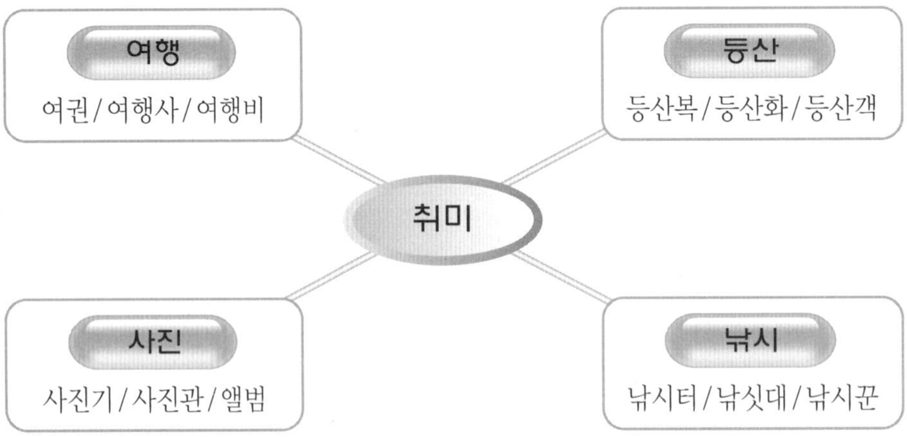


1) 빌리 씨의 취미는 등산입니다. 이번 주에는 등산할 때 입을 ______을 새로 샀습니다. 그리고 발이 아프지 않게 ______도 샀습니다.

2) 민정 씨의 취미는 사진 찍기입니다. 시간이 있을 때는 ______를 들고 공원에 갑니다. 공원에는 예쁜 꽃이나 나무들이 있어서 사진 찍기에 좋습니다.

3) 나오코 씨는 여행을 좋아합니다. 그래서 방학 때마다 산이나 바다가 있는 곳으로 친구들과 여행을 갑니다. 올 여름에는 해외로 가려고 ______에 가서 ______을 만들었습니다.

4) 영철 씨는 낚시하는 것을 좋아합니다. ______에는 ______를 몇 개씩 가지고 와서 하루 종일 시간을 보내는 사람도 있습니다. 영철 씨는 그 사람들과 함께 매운탕을 나누어 먹는 시간이 아주 즐겁습니다.

2. 다음 말의 뜻을 알아보고 알맞은 것끼리 연결하십시오.

| | |
|---|---|
| (음악, 영화, 미술 작품) | 감상 |
| (연극, 공연, 경기) | 관람 |
| (동전, 우표) | 수집 |
| (사진, 비디오, 영화) | 촬영 |
| (모형, 홈페이지) | 제작 |
| (신문, 잡지) | 구독 |

| | | |
|---|---|---|
| 1) | 음악 감상 | 경기를 보다 |
| 2) | 동전 수집 | 사진을 찍다 |
| 3) | 사진 촬영 | 음악을 듣다 |
| 4) | 경기 관람 | 동전을 모으다 |
| 5) | 신문 구독 | 모형을 만들다 |
| 6) | 모형 제작 | 신문을 받아 보다 |

## 문 법

### 1 반말

1. 다음을 반말로 바꾸십시오.

1) 관상은 얼굴의 모양으로 그 사람의 성격이나 운명을 맞추는 것입니다.
⇨ 것이다.

2) 관상에서 제일 중요한 것은 눈입니다.
⇨

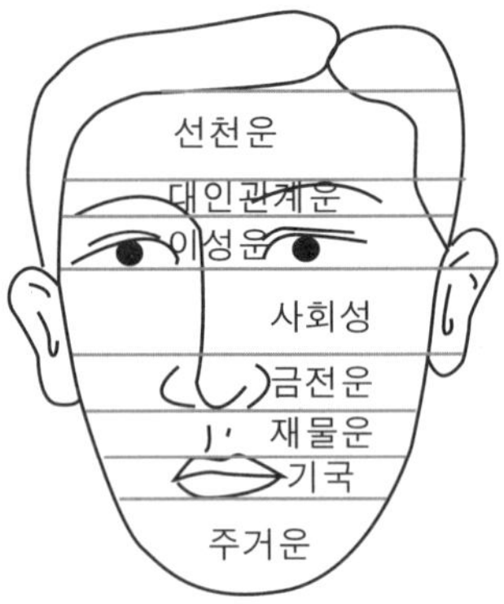


3) 반짝반짝 빛나는 눈을 가진 사람은 머리가 좋습니다.
⇨

4) 눈이 위로 올라간 사람은 성격이 별로 좋지 않습니다.
⇨

5) 이마가 넓은 사람은 마음이 착하고, 귀가 큰 사람은 오래 삽니다.
⇨

6) 코가 잘 생기면 재산과 명예를 얻고, 입가에 점이 있으면 먹을 복이 있습니다.
⇨

2. 다음 대화문을 반말로 바꾸십시오.

1) 나오코 : 민정 씨, 지금 뭐하고 있어요?
⇨ 민정아, 지금 뭐하고 있어?

2) 민 정 : 모형 비행기를 만드는 중이에요. 이제 거의 완성됐어요.
⇨

3) 나오코 : 어머, 정말 진짜 같아요. 민정 씨 취미가 모형 만들기예요?
⇨

4) 민 정 : 네, 좀 유치해 보이기는 하지만 실제로 해 보면 아주 재미있어요.
⇨

5) 나오코 : 좋은 취미를 갖고 계시는군요. 다른 것도 만들어요?
⇨

6) 민　정 : 네, 가끔 배나 자동차, 건물 같은 것도 만들어요.

⇨

7) 나오코 : 어떤 건물인데요?

⇨

8) 민　정 : 경복궁처럼 유명한 건물을 종이로 만들어요.

⇨

9) 나오코 : 그럼 플라스틱 모형보다 화려하고 멋있겠군요.

⇨

10) 민　정 : 네, 그래요.

⇨

## 2 동작동사 (으)ㄹ 줄 알다/모르다

1. 다음을 할 수 있는 방법을 알고 있습니까? '-(으)ㄹ 줄 알다/모르다'를 사용해서 답하십시오.

1) 저는 스키를 탈 줄 알아요 / 몰라요.

2) 저는 테니스를

3) 저는 피아노를

4) 저는 한국 노래를

5) 저는 한국 음식을

6) 저는 태권도를

2. 다음의 상황을 경험하고 놀랐다는 것을 강조하여 표현하려고 합니다. '(이렇게/그렇게/저렇게) -(으)ㄹ 줄 모르다'를 사용해서 다음 문장을 바꾸십시오.

1) 돈이 많이 들다.

⇨ 돈이 그렇게 많이 들 줄 몰랐어요.

2) 나이가 어리다.

⇨

3) 한국 생활이 재미있다.

⇨

4) 등산이 힘들다

⇨

5) 전화 요금이 많이 나오다.

⇨

6) 물가가 싸다.

⇨

## 3 동사 기는 하지만

어떤 일을 사실이라고 생각하지만, 그것과 다른 사실도 있다고 생각합니다. '-기는 하지만'을 사용하여 두 문장을 연결하십시오.

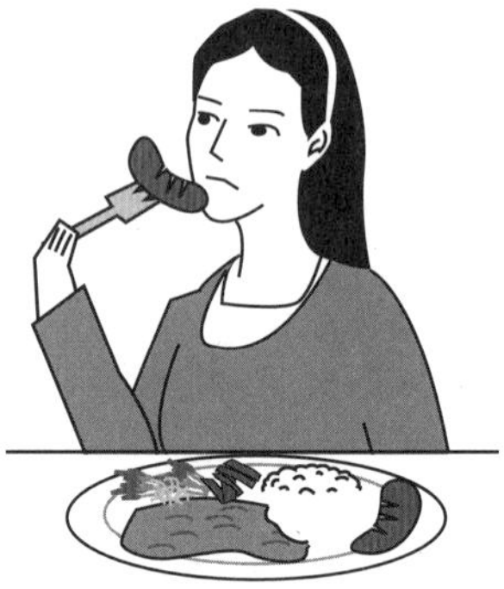

1. 고기를 먹다 / 좋아하지 않다

⇨ 고기를 먹기는 하지만 좋아하지 않아요.

2. 그림을 그리다 / 잘 그리지 못하다.

⇨

3. 한국어는 좀 어렵다 / 재미있다

⇨

4. 온돌방은 불편하다 / 건강에 좋다.

⇨

5. 새 차는 비싸다 / 고장이 나지 않아서 좋다.

⇨

6. 어학 연수를 가고 싶다 / 돈이 부족해서 고민이다.

⇨

7. 버스비가 또 올랐다 / 많이 비싸지는 않다.

⇨

8. 그 사람에게도 초대장을 보낼 것이다 / 참석하기는 어려울 것이다.

⇨

## 4 동작동사 는 중이다, 명사 중이다

지금 어떤 일을 하고 있습니다. 〈보기〉에서 알맞은 말을 찾아 '중이다'를 사용하여 문장을 바꾸십시오.

| 보기 | 수집 | 독서 | 취침 | 금연 | 수리 | 근무 |
|---|---|---|---|---|---|---|

1. 지금은 책을 읽는 중이니까 말 걸지 마세요.
   ⇨ 지금은 독서 중이니까 말 걸지 마세요.
2. 잠을 자는 중이니까 들어오지 마세요.
   ⇨
3. 담배를 끊는 중이어서 애들처럼 과자를 자주 먹어요.
   ⇨
4. 자동차를 고치는 중에 손을 다쳤어요.
   ⇨
5. 요즘은 취미로 동전을 모으는 중이에요.
   ⇨
6. 지금 일하는 중이에요.
   ⇨

## 5 상태동사 아/어 보이다

다음 사람들을 보면 어떤 느낌이 드는지 〈보기〉에서 알맞은 말을 찾아 '-아/어 보이다'를 사용하여 문장을 만드십시오. 단, 〈보기〉의 말들은 한 번씩만 사용하십시오.

| 보기 | 싸다 | 비싸다 | 늙다 | 젊다 | 예쁘다 | 멋있다 |
|---|---|---|---|---|---|---|
| | 좋다 | 슬프다 | 바쁘다 | 친절하다 | 아프다 | 귀엽다 |

1. 곰 인형처럼 생긴 사람 : ( 귀엽다 )
   ⇨ 곰 인형처럼 생긴 사람은 귀여워 보여요.
2. 정장을 입은 사람 : (                    )
   ⇨

3. 캐주얼을 입은 사람 : (                    )
⇨

4. 백화점 물건 : (                    )
⇨

5. 입학시험 합격자 : (                    )
⇨

6. 애인과 헤어진 사람 : (                    )
⇨

7. 마음에 드는 사람 : (                    )
⇨

8. 미소를 띤 백화점 안내원 : (                    )
⇨

9. 전화를 받으면서 보고서를 작성하고 있는 회사원 : (                    )
⇨

10. 병원 침대에 누워 기침하고 있는 환자 : (                    )
⇨

## 6 동사 (으)면서

1. 두 가지 행동을 동시에 하고 있습니다. '-(으)면서'를 사용해서 두 문장을 연결하십시오.

1) 운전을 하다 / 전화를 하다
⇨ 운전을 하면서 전화를 하고 있어요.

2) 빌리 씨와 나오코 씨가 웃다 / 이야기를 나누다
⇨

3) 민정 씨가 신문을 읽다 / 혼자 중얼거리다
⇨

4) 나오코 씨가 머리를 숙이다 / 예쁘게 인사를 하다
⇨

5) 영철 씨가 잠을 자다 / 코를 골다

⇨

6) 한수 씨가 길을 걷다 / 무언가 찾다

⇨

2. 다음의 대상은 두 가지 특성을 모두 가지고 있습니다. 〈보기〉에서 두 가지 특성을 골라 '-(으)면서'를 사용하여 문장을 완성하십시오.

| 보기 | |
|---|---|
| 덥다 • | • 안전하다 |
| 빠르다 • | • 엄격하시다 |
| 값이 싸다 • | • 비가 많이 오다 |
| 자상하시다 • | • 맛도 좋다 |

1) 기차는 빠르면서 안전합니다.

2) 한국은 여름에

3) 저희 부모님은

4) 이 식당은

## 7 동작동사 는 데

다음의 상황에서는 무엇이 필요하거나 좋고 나쁜지 생각해 보십시오. 그리고 '-는 데'를 사용하여 두 문장을 연결하십시오.

1. 한국어를 공부하다 / 한국어 사전이 필요하다

⇨ 한국어를 공부하는 데 한국어 사전이 필요해요.

2. 아파트를 수리하다 / 돈이 많이 들어요

⇨

3. 유학 생활을 하다 / 어려움이 많다

⇨

4. 축구를 하다 / 편한 신발이 좋다

⇨

## 8 명사 을/를 통해서

어떤 대상을 이용하거나 도움을 받아서 일을 했습니다. 〈보기〉에서 알맞은 것을 골라 '–을/를 통해서'를 사용하여 문장을 완성하십시오.

보기 홈페이지 신문 채팅 선생님

1. 채팅을 통해서 그 사람을 알게 됐어요.
2. ________ 빌리 씨의 소식을 들었어요.
3. ________ 예약했습니다.
4. ________ 그 영화 배우가 죽었다는 사실을 알았어요.

## 9 동작동사 기 위해서

상대방에게 어떤 행동을 하는 목적을 묻고 있습니다. '–기 위해서'를 사용하여 대답하십시오.

1) 가 : 운동을 하는 이유가 뭐예요?
   나 : 건강을 유지하기 위해서 운동을 해요.

2) 가 : 왜 그렇게 열심히 돈을 모으세요?
   나 : ________

3) 가 : 경영학과에 왜 입학하려고 하세요?
   나 : ________

4) 가 : 학생들은 왜 동아리에 가입할까요?
   나 : ________

## 10 숫자 (이)나

상대방의 질문에 답할 수나 양을 여러분은 많다고 생각합니다. '-(이)나'를 사용하여 다음 질문에 대답하십시오.

1) 가 : 지하철 요금이 또 올랐어요?
   나 : 네, 10%나 올랐어요.

2) 가 : 학교까지 오는데 오래 걸려요?
   나 :

3) 가 : 한국말을 참 잘하시네요.
   나 :

4) 가 : 생일 잔치에 친구들이 많이 왔어요?
   나 :

## 듣고 말하기

빌리와 나오코가 축구 경기에 대해 이야기하고 있습니다. 잘 듣고 질문에 답하십시오.

1. 잘 듣고 빈칸에 쓰십시오.

   1) 이탈리아가 후반전에 한 골 ________ 결국 한국이 이겼어.

   2) 그래도 ________ 더 재미있지 않아?

2. 잘 듣고 질문에 답하십시오.

   1) 빌리가 축구 경기 관람을 좋아하는 이유는 무엇입니까?

   ________

   2) 들은 내용과 다른 것을 고르십시오.

   ① 한국이 2대1로 승리했다

   ② 빌리는 축구를 할 줄 안다.

   ③ 빌리는 저녁마다 축구를 한다.

   ④ 어제 저녁에 축구 경기가 있었다.

3. 다음 대화 상황 중에서 하나를 골라, 아래의 문법을 참고하여 대화를 만들어 보십시오.

■ **상황 ① 자신의 취미에 대해 이야기한다.**
■ **상황 ② 취미 생활의 필요성에 대해 이야기한다.**

| 반말 | -기는 하지만 | -(으)ㄹ 줄 알다/모르다 |
|---|---|---|

가 :

나 :

가 :

나 :

가 :

나 :

가 :

나 :

가 :

나 :

**대 화**

빌　리 : 나오코, 어제 축구 봤어?
나오코 : 어제? 어제 축구 경기가 있었어?
빌　리 : 응, 한국하고 이탈리아의 경기였는데, 한국이 두 골 넣었어.
나오코 : 그래? 그래서 한국이 이겼니?
빌　리 : 이탈리아가 후반전에 한 골 넣기는 했지만 결국 한국이 이겼어.
나오코 : 너도 축구할 줄 알아?
빌　리 : 그럼, 할 줄 알지. 하지만 직접 하는 것보다 보는 게 더 좋아.
나오코 : 그래도 직접 하는 게 더 재미있지 않아?
빌　리 : 그렇기는 하지만 경기를 보면서 열심히 응원하면 스트레스가 풀려.

## 읽 기 I

다음 빈칸에 공통으로 들어갈 말을 쓰고 뜻을 알아봅시다.

| | | |
|---|---|---|
| 취미 ______ | 경제 ______ | 사회 ______ |
| 가정 ______ | 학교 ______ | 직장 ______ |

다음 글을 잘 읽고 질문에 답하십시오.

### 장수와 취미 생활

[가] 취미 생활도 장수에 도움이 됩니다. 장수 효과가 있는 취미 활동에는 어떤 것이 있을까요? 등산, 볼링, 여행과 같이 ㉠ 활동량이 많은 취미도 효과가 있고 산책, 쇼핑 등과 같은 간단한 활동도 효과가 있습니다.

[나] 오래 살고 싶기는 하지만 그 방법을 모르는 경우가 많습니다. 운동을 하는 것이 건강하게 오래 사는 데 제일 좋습니다. 또 소식, 충분한 수면, 스트레스 없는 생활도 장수하는 데 도움이 됩니다. 직장 생활이나 자원 봉사와 같은 사회 활동을 계속 하는 것도 좋습니다.

[다] 그러나 카드놀이, 영화감상, 독서와 같은 취미는 장수에 크게 도움이 되지 않습니다. 왜냐하면 이러한 취미는 활동량이 많지 않기 때문입니다. 장수하기 위해 운동이 효과적이기는 하지만 활동적인 취미 생활도 도움이 된다는 사실을 잊지 마십시오.

1. 윗글을 순서대로 연결한 것은 무엇입니까?

① [가]-[나]-[다]　② [나]-[가]-[다]　③ [가]-[다]-[나]　④ [나]-[다]-[가]

2. 건강하게 오래 사는 데 제일 좋은 것은 무엇입니까?

① 운동　② 소식　③ 여행　④ 요리

3. 다음 취미 활동 중에서 다른 활동과 거리가 먼 것은 무엇입니까?

① 등산　② 산책　③ 쇼핑　④ 카드 놀이

4. ㉠과 바꿔 쓸 수 있는 말을 윗글에서 찾아 쓰십시오. (4음절)

## 읽 기 II

● 반대되는 뜻을 가진 말을 쓰십시오.

| | |
|---|---|
| 무겁다 ⇔ ______ | 딱딱하다 ⇔ ______ |
| 강하다 ⇔ ______ | 위험하다 ⇔ ______ |

● 다음 글을 잘 읽고 질문에 답하십시오.

### 자전거 백 배 즐기기

자전거 타기를 즐기는 사람이 점점 늘고 있습니다. ( ㉠ ) 자전거는 바퀴가 두 개밖에 없어서, 조심하지 않으면 ㉡사고가 나기 쉽습니다. 자전거를 안전하게 타려면 어떻게 해야 할까요?

㉢자전거를 탈 때 제일 중요한 것은 머리에 꼭 맞는 헬멧을 쓰는 것입니다. 몸의 다른 부분과는 다르게 머리를 다치면 아주 위험하기 때문입니다. 또 옷은 긴 것을 입고, 신발은 가볍고 바닥이 딱딱한 것을 신는 것이 좋습니다. ( ㉣ ) 자전거를 타기 전에 안장의 높이를 적당하게 맞추는 것도 중요합니다.

㉤야외로 나갔을 때, 지칠 때까지 자전거를 타는 것은 좋지 않습니다. ( ㉥ ) 집으로 돌아올 때도 다시 자전거를 타야 하기 때문입니다. 자전거를 타고 가다가 어느 정도 땀이 나면 돌아갈 생각을 해야 합니다. ㉦이런 것들을 잘 지키면, 좀 더 재미있고 안전하게 자전거 여행을 즐길 수 있습니다.

1. ㉡의 이유는 무엇입니까?

□ 안전하게 타야 하기 때문입니다.
□ 사람들이 조심하지 않기 때문입니다.
□ 자전거는 바퀴가 두 개밖에 없기 때문입니다.
□ 자전거 타기를 즐기는 사람이 점점 늘고 있기 때문입니다.

2. ㉢은 무엇입니까?

□ 긴바지와 긴팔 옷을 입습니다.
□ 머리에 꼭 맞는 헬멧을 씁니다.
□ 바닥이 딱딱한 신발을 신습니다.
□ 안장의 높이를 적당하게 맞춥니다.

3. ㉤의 이유는 무엇입니까?

4. ㉠, ㉣, ㉥에 알맞은 말을 순서대로 쓴 것을 고르십시오.

□ ㉠ 그러나, ㉣ 그리고, ㉥ 왜냐하면
□ ㉠ 그러나, ㉣ 왜냐하면, ㉥ 그리고
□ ㉠ 그리고, ㉣ 그러나, ㉥ 왜냐하면
□ ㉠ 왜냐하면, ㉣ 그러나, ㉥ 그리고

5. 자전거를 타고 야외로 나갔을 때, 언제쯤 되돌아오는 것이 좋을까요?

□ 지치기 시작할 때쯤 되돌아오는 것이 좋습니다.
□ 출발한 후 2시간 이내에 되돌아오는 것이 좋습니다.
□ 출발지에서 10km 이내에 되돌아오는 것이 좋습니다.
□ 어느 정도 땀이 났을 때쯤 되돌아오는 것이 좋습니다.

6. ㉦이 가리키는 말을 모두 고르십시오.

□ 머리에 꼭 맞는 헬멧을 씁니다.
□ 바닥이 딱딱한 신발을 신습니다.
□ 반바지와 반소매 옷을 입습니다.
□ 햇빛을 막아 주는 모자를 씁니다.

## 어 휘 II

1. 〈보기〉에서 알맞은 말을 골라 문장을 완성하십시오.

| 보기 | 망설이다 | 자랑하다 | 지치다 | 말리다 | 맞히다 |
|---|---|---|---|---|---|

1) 친구들은 나를 못 가게 ________ 았/었지만 저는 혼자 여행을 갔어요.
2) 그 문제를 ________ (으)ㄴ 사람은 한 명도 없었어요.
3) 너무 비싸서 조금 ________ 았/었지만 너무 맛있어 보여서 사 먹었어요.
4) 빌리 씨는 새로 산 시계를 친구들에게 ________ 았/었어요.
5) 너무 ________ (으)ㄹ 때까지 운동을 하는 것은 오히려 건강에 안 좋아요.

2. (　　　　)에서 알맞은 말을 고르십시오.

1) 자전거를 ( 안전하게 / 위험하게 ) 타기 위해서는 헬멧을 꼭 써야 합니다.
2) 저는 매일 아침에 라디오를 ( 시청해요 / 청취해요 ).
3) 요즘 젊은 사람들은 ( 통 / 대부분 ) 컴퓨터를 잘 사용할 줄 알아요.
4) 너무 피곤하면 밤에 ( 잔소리 / 잠꼬대 )를 할 때도 있어요.
5) 좀 ( 유치해 / 흔해 ) 보이기는 하지만 실제로 해 보면 재미있어요.

3. 다음은 신체에 관련된 관용 표현입니다. 알맞은 것끼리 연결하십시오.

1) 어머니는 항상 음식을 많이 만드세요. · · 눈이 높다
2) 정은 씨는 다른 사람의 말을 너무 잘 믿어요 · · 발이 넓다
3) 빌리 씨는 모르는 사람이 없어요. · · 귀가 얇다
4) 나오코 씨는 말이 없고 비밀을 잘 지켜요 · · 손이 크다
5) 김 선생님은 언제나 좋고 비싼 물건을 사요 · · 입이 무겁다

## 쓰 기 I

1. 다음 〈보기〉의 문법 요소들을 이용하여 문장을 만드십시오.

| 보기 | | | | |
|---|---|---|---|---|
| | -게 되다 | -기 때문이다 | -(으)ㄴ/는 데 | -(으)면 |
| | -(으)면서 | -아/어서(순차) | -아/어서(이유) | -지만 |

1) ______________________

2) ______________________

3) ______________________

4) ______________________

5) ______________________

6) ______________________

7) ______________________

8) ______________________

## 쓰 기 II

"나의 취미"라는 제목으로 글을 쓰려고 합니다. 다음의 순서에 따라 글을 완성하십시오.

1. 여러분의 취미와 관련된 사진이나 자료를 붙이고 질문에 답하십시오.

1) 여러분의 취미는 무엇입니까? ______________________

2) 언제부터 취미 활동을 했습니까? ______________________

3) 언제 취미 활동을 합니까? ______________________

2. 다음의 단어 중에서 여러분의 취미를 설명하는 데 필요한 단어를 다섯 개 고르거나 생각나는 단어를 쓰십시오.

| 음식 | 운동 | 그림 | 음악 감상 | 영화 감상 | 우표 | 동전 | 여행 |
|---|---|---|---|---|---|---|---|
| 수집 | 만들다 | 두다 | 타다 | 그리다 | 모으다 | 하다 | 치다 |

3. 위에서 고른 단어로 문장을 만드십시오.

1) ______________________

2) ______________________

3) ______________________

4) ______________________

5) ______________________

4. 다음 질문에 답하십시오.

1) 왜 그 취미를 갖게 되었습니까? ______________________

2) 그 취미 활동은 어떻게 합니까? ______________________

3) 취미 활동의 좋은 점과 주의할 점은 무엇입니까? ______________________

5. 1번부터 4번까지의 내용을 가지고 한 편의 글을 완성해 봅시다.

## 형성 평가

시간 50분 점수 /100

※ 각 문제는 3점씩입니다. 단, 16번부터 25번 문제는 각 4점씩입니다.

【1~4】 잘 듣고 쓰십시오.

1. ______ 2. ______

3. ______ 4. ______

【5~6】 잘 듣고 빈칸에 쓰십시오.

5. 선배님은 볼링 ______?

6. 네, 좀 유치해 보이기는 하지만 ______ 해 보면 아주 재미있어요.

【7~8】 대화를 잘 듣고 질문에 답하십시오.

7. 한수와 나오코는 무엇에 대해 이야기하고 있습니까?

① 인상 ② 면접 ③ 취미 ④ 볼링장

8. 나오코가 볼링장에 자주 못 가는 이유는 무엇입니까?

______

【9~10】 잘 듣고 질문에 답하십시오.

9. 취미 생활의 장점을 고르십시오.

① 시간을 절약할 수 있다. ② 돈이 들지 않는다.
③ 친구를 사귈 수 있다. ④ 즐거움을 얻을 수 있다.

10. 들은 내용에 나오지 않은 취미 활동을 하는 사람은 누구입니까?

① 모하메드는 한 달에 한 번 여행을 합니다.
② 나오코는 여러 나라의 동전을 수집합니다.
③ 민정이는 비행기나 자동차 모형을 만듭니다.
④ 빌리는 주말마다 친구들과 영화를 보러 갑니다.

【11~15】 다음 <보기>에서 알맞은 말을 골라 문장을 완성하십시오.

| 보기 | 감상하다 | 키우다 | 관람하다 | 즐기다 | 수집하다 |
|---|---|---|---|---|---|

11. 저는 우표나 동전을 ________는 것이 취미예요.
12. 시간이 있을 때는 발레나 뮤지컬을 ________아/어요.
13. 집에서 조용히 음악을 ________(으)ㄹ 때가 제일 행복해요.
14. 제가 요즘 ________는 취미 생활은 모형 만들기예요.
15. 바둑을 두면 집중력을 ________는 데 도움이 돼요.

16. 다음 중 맞는 문장을 고르십시오.

① 모르는 단어가 많기는 하지만 이해할 수는 있어요.
② 조금 전에 저녁을 먹었기는 하지만 같이 가겠습니다.
③ 어렸을 때 배우기는 하지만 지금은 다 잊어버렸어요.
④ 영화 내용이 너무 복잡해 보이기는 하지만 이해할 수 없었어요.

17. 다음 밑줄 친 부분과 의미가 다른 것을 고르십시오.

여행 중에 지금의 남편을 만났어요.

① 여행을 해서　　② 여행을 하면서
③ 여행을 할 때　　④ 여행을 하다가

18. 다음 밑줄 친 부분과 바꿀 수 있는 것을 고르십시오.

운전을 하는 사람들은 라디오를 통해 많은 소식을 듣게 됩니다.

① 라디오마다　　② 라디오부터
③ 라디오에서　　④ 라디오처럼

19. 다음 문장과 의미가 비슷한 것을 고르십시오.

공부가 그렇게 재미있을 줄 몰랐어요.

① 공부가 생각처럼 재미없었어요.
② 공부가 생각처럼 재미있었어요.
③ 공부가 생각보다 재미없었어요.
④ 공부가 생각보다 재미있었어요.

【20~23】 다음 〈보기〉에서 알맞은 말을 골라 문장을 연결하십시오.

| 보기 | -기는 하지만 | -(으)면서 | -는 데 | -기 위해서 |
|---|---|---|---|---|

20. 정장이 ____________(있다) 면접 시험 때문에 한 벌 더 샀습니다.
21. 별명을 ____________(짓다) 친구의 성격과 버릇에 대해 생각하고 있습니다.
22. 취미활동을 ____________(하다) 필요한 것에는 시간, 돈 등이 있습니다.
23. 취직 준비를 ____________(하다) 직업에 대해 자주 생각하게 되었습니다.

【24~25】 다음 〈보기〉에서 알맞은 말을 골라 대화를 완성하십시오.

| 보기 | -(으)ㄹ 줄 알다/모르다 | -는 중이다 | -아/어 보이다 |
|---|---|---|---|

24. 가 : 어디 가세요?
 나 : 책을 빌리러 ____________.

25. 가 : 어제 잠을 못 잤어요? ____________.
 나 : 발표 준비를 하느라고 좀 늦게 자서 그래요.

【26~28】 다음 두 개의 글을 잘 읽고 질문에 답하십시오.

> 가 자전거 타기를 즐기는 사람이 점점 늘고 있습니다. 저도 요즘 자전거를 탑니다. 자전거 타기는 스트레스를 푸는 데 좋습니다. 그러나 자전거는 바퀴가 두 개밖에 없어서, 조심하지 않으면 ㉠사고가 나기 쉽습니다.
>
> 나 나는 낚시를 너무너무 좋아한다. 그래서 시간이 나면 언제나 낚시터에서 시간을 보낸다. 하지만 내가 낚시 가는 것을 아내는 별로 좋아하지 않는다. 그래서 낚시를 갈 때 나는 항상 ㉡아내의 눈치를 본다.

26. 윗글 가와 나는 무엇에 대한 글입니까?

① 관심 ② 사연 ③ 주말 ④ 취미

27. ㉠은 무슨 뜻입니까?

① 사고가 잘 납니다. ② 사고가 위험합니다.
③ 사고가 크게 납니다. ④ 사고가 늘고 있습니다.

28. ㉡은 무슨 뜻입니까?

① 아내가 집에 있는지 없는지 알아본다.
② 아내의 기분이 좋은지 나쁜지 살핀다.
③ 아내의 주말 계획이 무엇인지 기억한다.
④ 아내가 낚시를 가는지 안 가는지 물어본다.

【29~30】 다음 글을 잘 읽고 질문에 답하십시오.

> 나는 한참 망설이다가 27만 원짜리 고무 보트를 샀다. 집에 고무 보트를 가지고 왔을 때 아내가 나에게 물었다.
> "아니, 무슨 돈이 있어서 그걸 샀어요? 그거 얼마예요?"
> 나는 (  ㉠  ) 거짓말을 했다.
> "별로 비싸지 않아. 5만 원 줬어."
> 그래도 아내는 "요즘 돈 쓸 곳이 얼마나 많은데 그런 걸 5만 원이나 주고 사는 거예요?" 하면서 잔소리를 했다.

29. ㉠에 알맞은 것을 고르십시오

① 할 수밖에　　② 할 수 없이
③ 할 수 있다면　　④ 할 수도 있지

30. 윗글의 내용과 같은 것은 무엇입니까?

① 나는 비싸지 않은 고무 보트를 샀다.
② 나는 요즘 돈 쓸 곳이 많다는 것을 안다.
③ 아내는 5만 원짜리 고무 보트를 좋아한다.
④ 아내는 고무 보트가 5만 원이라고 생각한다.

## 관련 어휘

### 취미에 관련된 어휘 · 표현

- 운동이나 여행을 즐기다
- 동전이나 우표를 수집하다 / 모으다
- 음악이나 영화를 감상하다
- 텔레비전을 시청하다
- 라디오를 청취하다
- 모형 비행기를 만들다
- 바둑을 두다
- 시간과 비용이 들다
- –에 관심이 있다
- 바둑은 집중력을 키우는 데 좋다
- 취미를 가지다
- 취미 생활을 즐기다
- 취미를 통해 즐거움을 얻다
- 스트레스를 푸는 데 도움을 주다

### 자전거 타기와 낚시광에 관련된 어휘 · 표현

- 자전거 여행을 즐기다
- 사고가 나기 쉽다
- 바퀴가 두 개밖에 없다
- 안전하게 타다
- 꼭 맞는 헬멧을 쓰다
- 가볍고 바닥이 딱딱한 신발을 신다
- 긴 옷을 입다
- 안장의 높이를 적당하게 맞추다
- 지칠 때까지 타지 않다
- 못 말리는 낚시광
- 낚시 전문점
- 눈치를 보다
- 망설이다가 신용카드로 사다
- 잔소리를 하다

## 어 휘 I

1. 다음은 사람들의 지위를 나타내는 말입니다. 어떤 사람을 나타내는지 알아보고 빈칸에 알맞은 말을 쓰십시오.

| 회사 | 학교 | 국가 |
| --- | --- | --- |
| 사원 | 교사 | 국회의원 |
| 대리 | 교수 | 시장 |
| 과장 | 조교 | 장관 |
| 부장 | 교장 | 총리 |
| 사장 | 총장 | 대통령 |

1) 저는 작년에 한국회사 홍보부에 입사했습니다. 우리 회사에서 가장 높은 분은 (　　　　) 입니다. 그리고 홍보부에서 가장 높은 분은 (　　　　) 인데, 홍보부 직원들을 정말 사랑하십니다.

2) 나오코 씨는 경희대학교 대학원에서 국제 관계를 전공하고 있습니다. 나오코 씨의 지도 (　　　　) 은 인상도 좋고 자상하신 분이십니다. 학과 사무실에 있는 (　　　　) 선생님도 어려운 일이 있을 때마다 도와주고 있습니다. 나오코 씨는 주위에 좋은 분들이 많이 있어서 학교 생활이 힘들지 않습니다.

3) 한국은 영국이나 일본처럼 왕을 모시지 않기 때문에 (　　　　) 이 가장 높은 사람입니다. 그 다음으로는 영국이나 일본의 수상과 비슷한 (　　　　) 가 있습니다.

2. 다음은 직장 생활과 관계가 있는 말입니다. 어떤 뜻인지 알아보고 알맞게 연결하십시오.

**직장생활**

**시간**
출근 / 퇴근 / 결근
휴가 / 조퇴 / 퇴직

**급여**
연봉 / 상여금 / 퇴직금
수당 / 시급 / 일당

**부서**
홍보부 / 기획부 / 총무부
인사부 / 영업부 / 비서실

| | | | |
|---|---|---|---|
| 1) | 회사에서 사람들의 위치를 결정하는 부서를 가리킵니다. | ● | ● 일당 |
| 2) | 직원들이 일년 동안 받는 돈을 가리키는 말입니다. | ● | ● 퇴근 |
| 3) | 몸이 아파서 회사에 나가지 않고 병원에 갔습니다. | ● | ● 인사부 |
| 4) | 회사에서 만든 제품을 사람들에게 파는 일을 담당하고 있습니다. | ● | ● 결근 |
| 5) | 아르바이트를 하는 사람들 중에는 매일 돈을 받는 사람들이 많습니다. | ● | ● 연봉 |
| 6) | 회사 일이 끝나면 사람들은 모두 집으로 돌아갑니다. | ● | ● 영업부 |

## 문 법

### 1 동작동사 나 보다, 상태동사 (으)ㄴ가 보다

여러분이 직접 보고 들은 것을 가지고 추측한 것을 '-나 보다'나 '-(으)ㄴ가 보다'를 사용하여 대답하십시오.

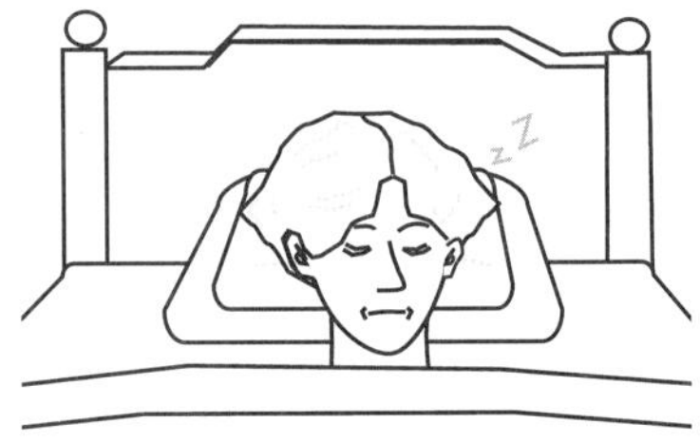

1. 빌리 씨가 오후부터 계속 잠만 자고 있어요.
   ⇨ 많이 피곤한가 봐요.
2. 퇴근 시간도 아닌데 길이 많이 막혀요.
   ⇨
3. 같은 반에 있는 외국 학생이 영어를 아주 잘 해요.
   ⇨
4. 민정 씨의 동생은 사람 이름을 한 번만 들으면 모두 기억해요.
   ⇨
5. 영철 씨가 청첩장을 돌리고 있어요.
   ⇨
6. 구름이 많이 끼고 하늘이 깜깜해요.
   ⇨

### 2 동사 네요

여러분이 새롭게 경험하거나 알게 되어서 놀란 일이 있습니다. '-네요'를 사용하여 대답하십시오.

1. 가 : 김치 맛이 어떻습니까?
   나 : 조금 짜지만 맛있네요.
2. 가 : 이 사진에 있는 남자가 제 남자 친구예요.
   나 :
3. 가 : 제가 만든 옷인데 어떻습니까?
   나 :

4. 가 : 월급이 10%나 올랐어요.
나 :

5. 가 : 어제 도서관에서 공부하다가 12시에 집에 들어갔어요.
나 :

6. 가 : 요즘 부모님 건강이 별로 안 좋으세요.
나 :

## 3 동사 잖아요

상대방의 이야기에 대한 답으로 상대방도 잘 알고 있는 것을 이야기하려고 합니다. '-잖아요'를 사용하여 대답하십시오.

1. 가 : 왜 그렇게 큰 가방을 가지고 다니세요?
나 : 물건을 많이 넣을 수 있잖아요.

2. 가 : 정장 입는 걸 싫어하나 봐요.
나 :

3. 가 : 왜 아파트로 이사를 가려고 하세요?
나 :

4. 가 : 이 식당은 항상 손님이 많은 것 같아요.
나 :

5. 가 : 사람들은 왜 별명을 부르지요?
나 :

6. 가 : 테니스를 참 잘 치시네요.
나 :

## 4 동사 았었/었었

과거에는 했지만 지금은 하지 않는 일이 있습니다. '-았었/었었-'을 사용하여 문장을 만드십시오.

1. 축구 / 농구
   ⇨ 예전에는 축구를 많이 했었는데 요즘은 농구를 많이 해요.
2. 외국 영화 / 한국 영화
   ⇨
3. 만화책 / 소설책
   ⇨
4. 스키 / 스노보드
   ⇨
5. 중국 음식 / 한국 음식
   ⇨
6. 운동화 / 구두
   ⇨

## 5 동작동사 아/어 놓다/두다

행동을 한 후 그 상태가 계속된다는 것을 말하려고 합니다. 〈보기〉에서 알맞은 말을 골라 '-아/어 놓다/두다'를 사용하여 문장을 완성하십시오.

| 보기 | 넣다 | 배우다 | 알다 | 외우다 | 저축하다 | 뿌리다 |
|---|---|---|---|---|---|---|

1. 돈을 금고에 넣어 두면 안전해요.
2. 자전거 타는 방법은 한 번 ______ 평생 잊어버리지 않습니다.
3. 자주 쓰는 말들을 ______ 이야기할 때 도움이 됩니다.
4. 돈을 미리 ______ 필요할 때 사용할 수 있습니다.
5. 여행 장소에 대해 미리 ______ 관광 안내서를 보고 있어요.
6. 자기 전에 모기약을 ______ 어제 밤에는 모기에 물리지 않았어요.

## 6 아무리 동사 아/어도

● 여러분이 열심히 했지만 잘 할 수 없는 일, 하면 안 되는 일이 있습니다. '(아무리) -아/어도'를 사용하여 문장을 완성하십시오.

1. 아무리 생각해도 기억이 나지 않아요.
2. ______ 숙제를 안 하면 안 돼요.
3. ______ 한국어 실력이 좋아지지 않아요.
4. ______ 열쇠가 없어요.
5. ______ 약속 시간까지 도착하기는 힘들겠어요.
6. ______ 남자는 눈물을 보이면 안 돼요.

## 7 동작동사 자마자

● 어떤 일이 끝나고 바로 다음 일을 했습니다. '-자마자'를 사용하여 문장을 만드십시오.

1. 식사 / 양치질
   ⇨ 식사를 끝내자마자 양치질을 해요.
2. 불 / 119
   ⇨
3. 졸업 / 취직
   ⇨
4. 이사 / 집들이
   ⇨
5. 수업 / 점심식사
   ⇨
6. 맞선 / 결혼
   ⇨

## 8 동사 (으)ㄴ/는지 (알다/모르다)

'-(으)ㄴ/는지 (알다/모르다)' 를 사용하여 두 문장을 연결하십시오.

1. 언제 가요? / 알아요?
   ⇨ 언제 가는지 알아요?
2. 누나 남편을 어떻게 불러요? / 몰라요.
   ⇨
3. 몇 살이에요? / 몰라요.
   ⇨
4. 여기가 어디예요? / 모르겠어요.
   ⇨
5. 어제 우리가 몇 시에 집에 들어왔지요? / 알아요?
   ⇨
6. 동대문 시장이 언제 생겼어요? / 몰라요.
   ⇨

## 9 동사 (으)ㄴ/는 만큼, 명사 만큼

'-(으)ㄴ/는 만큼, -만큼' 을 사용하여 문장을 바꾸십시오.

1. 가 : 시험공부 열심히 했어요?
   나 : 친구들이 하는 정도로 했어요.
   ⇨ 친구들이 하는 만큼 했어요.
   ⇨ 친구들만큼 했어요.
2. 가 : 월급은 얼마나 받고 싶어요?
   나 : 다른 사람들이 받는 정도로 받고 싶어요.
   ⇨
   ⇨

3. 가 : 술을 잘 마셔요?

나 : 남들이 마시는 정도로 마셔요.

⇨

⇨

4. 가 : 아이를 몇 명이나 낳을 거예요?

나 : 요즘 젊은 사람들이 낳는 정도로 낳을 거예요.

⇨

⇨

## 듣고 말하기

빌리와 빌리의 회사 사람들이 회식 자리에서 이야기하고 있습니다. 잘 듣고 질문에 답하십시오.

1. 잘 듣고 빈칸에 쓰십시오.

1) 한국어 ________ 어떻게 공부했어요?

2) 저도 ________ 방법은 없었어요.

2. 잘 듣고 질문에 답하십시오.

1) 빌리는 한국에 온 지 얼마나 됐습니까?

________

2) 들은 내용과 다른 것을 고르십시오.

- □ 빌리는 지금 회식 중이다.
- □ 빌리는 지금 한국어를 배우고 있다.
- □ 빌리는 한국의 주도를 배운 적이 있다.
- □ 빌리는 미국에서 2년 정도 한국어를 공부했다.

3. 다음 대화 상황 중에서 하나를 골라, 아래의 문법을 참고하여 대화를 만들어 보십시오.

■ **상황 ① 대학교 입학 시험 / 취직 면접 시험을 본다.**
■ **상황 ② 회사에 첫 출근한 날 인사를 한다.**

| –나 보다/–(으)ㄴ가 보다 | –네요 | –았었/었었– |
|---|---|---|
| 아무리 –아/어도 | –자마자 | |

가 :

나 :

가 :

나 :

가 :

나 :

가 :

나 :

가 :

나 :

**대 화**

과 장 : 자, 여러분! 먼저 신입사원 인사부터 들어볼까요?

빌 리 : 안녕하세요? 저는 이번에 새로 입사한 빌리 화이트라고 합니다. 한국 사람들과 함께 일을 하고 싶어서 1년 전에 한국에 왔습니다. 그동안 한국어를 열심히 공부했지만 아직 좀 부족합니다. 많이 도와주십시오.

대 리 : 미국에서도 한국어를 공부했나 봐요? 정말 잘하시네요.

빌 리 : 네, 미국에서도 한 2년 공부했었습니다.

대 리 : 한국어 발음이 참 좋은데 어떻게 공부했어요? 저도 영어를 공부하고 있는데 아무리 연습해도 발음이 좋아지지 않아서요.

빌 리 : 저도 뭐 특별한 방법은 없었어요.

과 장 : 그런 이야기는 다음에 하기로 하고 먼저 건배부터 합시다. 빌리 씨도 한국에서 술 많이 마셔 봤지요?

빌 리 : 네, 한국에 오자마자 친구들한테 한국의 주도에 대해서 배웠습니다. 과장님 먼저 한 잔 받으십시오.

## 읽 기 I

알맞은 말을 골라 문장을 완성하십시오.

| 고려하다 | 해결하다 | 맞다 |
|---|---|---|

1. 의식주를 ( ) 위해서는 직업을 가져야 합니다.
2. 직업을 선택할 때는 조건을 ( ) 합니다.
3. 자신의 적성에 ( ) 직업을 선택해야 합니다.

다음 글을 잘 읽고 질문에 답하십시오.

### 직업의 조건

사람은 누구나 나이를 먹으면 직업을 갖게 된다. 직업을 고를 때 사람들은 어떤 조건을 고려할까? 직업을 선택하는 조건에는 월급, 사회적 가치, 적성 등이 있다. 가장 먼저 생각하게 되는 ㉠것은 월급이다. 일을 통해 번 돈으로 의식주를 해결하기 때문이다. ( ㉡ ) 적은 일을 하고 많은 돈을 벌 수 있으면 좋은 직업이라고 할 수 있다.

직업을 선택하는 또 다른 조건은 보람과 사회적 가치이다. 힘이 ㉢들다 다른 사람에게 도움을 줄 수 있으면 그 ㉣일은 가치 있는 일이다. ㉤경찰관, 소방관, 청소부, 집배원 등은 월급은 적지만 사회에서 없어서는 안 될 중요한 일이다. 우리는 직업을 선택할 때 자신의 일이 다른 사람에게 도움이 되는 일인지 생각해 봐야 한다.

( ㉥ ) 무엇보다 중요한 조건은 개인의 적성이다. ㉦다른 조건이 ㉧좋다 적성에 맞지 않아 즐겁게 일할 수 없다면 오래 하기 힘들고, 스스로 만족하기도 어렵다. 이와 같은 조건에 맞는 일을 직업으로 갖게 된다면 우리는 좀더 행복하게 생활할 수 있을 것이다.

1. 직업을 선택할 때 가장 먼저 '월급'을 생각하는 이유는 무엇입니까?

☐ 일을 통해 번 돈으로 의식주를 해결하기 때문에
☐ 사람은 누구나 나이를 먹으면 직업을 갖게 되기 때문에
☐ 직업을 고를 때 사람들은 여러 가지 조건을 고려하기 때문에
☐ 적은 일을 하고 많은 돈을 버는 직업이 가장 좋은 직업이기 때문에

2. ㉠과 바꿔 쓸 수 있는 단어를 윗글에서 찾아 쓰십시오.

3. ㉡과 ㉥에 들어갈 말이 바르게 연결된 것을 고르십시오.

☐ ㉡ 하지만, ㉥ 하지만　　☐ ㉡ 하지만, ㉥ 그러므로
☐ ㉡ 그러므로, ㉥ 하지만　　☐ ㉡ 그러므로, ㉥ 그러므로

4. ㉢과 ㉧를 맞게 쓴 것은 무엇입니까?

☐ -아/어도 : ㉢ 들어도, ㉧ 좋아도
☐ -(으)면서 : ㉢ 들면서, ㉧ 좋으면서
☐ -기 위해서 : ㉢ 들기 위해서, ㉧ 좋기 위해서
☐ -(으)ㄴ/는 만큼 : ㉢ 드는 만큼, ㉧ 좋은 만큼

5. ㉣과 바꿔 쓸 수 있는 말을 고르십시오.

☐ 도움　　☐ 사회　　☐ 조건　　☐ 직업

6. ㉤은 어떤 직업입니까? 맞는 것을 모두 고르십시오.

☐ 적성에 맞는 직업
☐ 사회에 없어서는 안 될 직업
☐ 다른 사람에게 도움이 되는 직업
☐ 적은 일을 하고 많은 돈을 버는 직업

7. ㉦에 해당되지 않는 것을 고르십시오.

☐ 월급　　☐ 적성　　☐ 보람　　☐ 사회적 가치

## 읽 기 II

● 알맞은 것끼리 연결하십시오.

| | |
|---|---|
| 농담 | 거짓이 없는 말 |
| 진담 | 특별한 목적 없이 이것저것 하는 말 |
| 덕담 | 장난으로 하는 말 |
| 잡담 | 다른 사람이 잘 되기를 바라는 말 |

● 다음 글을 잘 읽고 질문에 답하십시오.

### 보다 즐거운 직장 생활 만들기

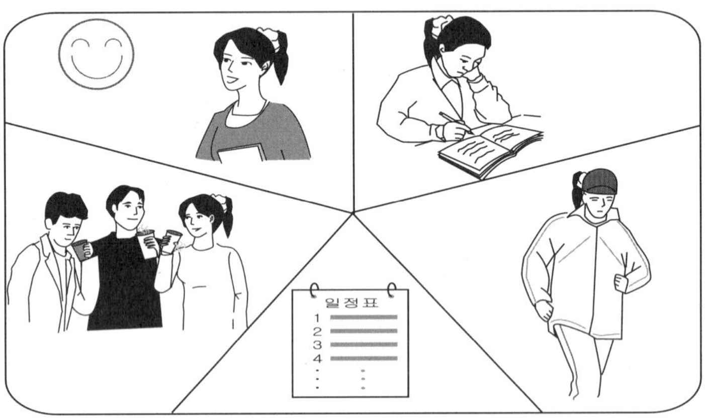


직장은 하루 24시간 중에서 ㉠여덟 시간 이상을 보내는 곳이다. ( ㉡ ) 직장 생활을 즐겁게 하는 사람은 이미 삶의 많은 부분을 성공( ㉢ )으로 살고 있다고 할 수 있다. 이제 ㉣보다 즐거운 직장 생활을 만드는 방법에 대해 알아보자.

먼저 끊임없이 자기의 능력을 계발하라. 매일 15분이라도 자기 계발을 위해 사용하자. 그 시간에 할 수 있는 일은 생각보다 많다. 둘째, ㉤건강을 관리하라. 늘 피곤하거나 건강하지 못한 사람은 지속적으로 일을 할 수 없다. 아침 식사하기, 가까운 거리 걸어 다니기, 의자에 허리 펴고 앉기 등 작은 생활 습관을 바꾸는 것도 좋은 방법이다. 셋째, 계획을 세워 행동하라. 하루 종일 능률( ㉥ )으로 일할 수 있는 사람은 없다. ( ㉦ ) 모든 일을 완벽하게 할 수 있는 사람도 없다. 일정표를 세우고 ㉧이에 따른다면 훨씬 효율( ㉨ )으로 생활할 수 있다. 넷째, 원만한 대인 관계를 형성하라. ㉩이를 위해 내 옆 자리에 앉은 동료에게 먼저 말 한마디라도 다정하게 걸어 보자. 마지막으로 긍정( ㉪ )으로 생각하고 다른 사람의 험담을 하지 않는다.

지금까지 살펴본 다섯 가지는 여러분에게 익숙한 내용일지 모른다. 하지만 많은 사람들이 이것을 알면서도 실천하지 못하고 있다. 우리 모두 오늘부터 한 가지씩 천천히 실천해 보자.

1. 받침 'ㄼ'의 발음이 ㉠과 다른 것을 고르십시오.

□ 넓다 □ 떫다 □ 밟다 □ 짧다

2. 다음은 ㉣에 해당되는 다섯 가지입니다. 다음 빈 칸에 알맞은 말을 찾아 쓰십시오.

① 끊임없는 자기 계발 ② ▢▢ ▢▢ ③ 계획적인 생활
④ ▢▢▢ ▢▢ ▢▢ ⑤ 긍정적인 사고

3. ㉡과 ㉦에 알맞은 말을 쓰십시오.

㉡____________ ㉦____________

4. ㉢, ㉥, ㉧, ㉪에 공통으로 들어갈 말을 고르십시오.

□ (이)나 □ 만큼 □ 적 □ 처럼

5. ㉤의 이유는 무엇입니까?

□ 자기 계발을 위해 사용할 시간이 부족하기 때문이다.
□ 짧은 시간에 할 수 있는 일이 생각보다 많기 때문이다.
□ 작은 생활 습관을 바꾸는 것도 좋은 방법이기 때문이다.
□ 피곤하거나 건강하지 못한 사람은 오랫동안 일을 할 수 없기 때문이다.

6. ㉤에 해당되는 것을 모두 고르십시오.

□ 지속적으로 일을 하기 □ 가까운 거리 걸어 다니기
□ 의자에 허리 펴고 앉기 □ 계획을 세워 행동하기

7. ㉧이 가리키는 말을 찾아 쓰십시오.

## 어 휘 II

1. 〈보기〉에서 알맞은 말을 골라 문장을 완성하십시오.

| 보기 | 고려하다 | 정리하다 | 야단을 맞다 | 존경하다 | 번역하다 |
|---|---|---|---|---|---|

1) 서류를 잘 ______아/어서 책상 위에 두었어요.
2) 이 글을 영어로 좀 ______아/어 주세요.
3) 제가 가장 ______는 사람은 우리 아버지입니다.
4) 그 문제에 대해서 좀더 ______아/어 보고 결정하겠습니다.
5) 동생하고 싸워서 어머니께 ______았/었습니다.

2. (　　　　)에서 알맞은 말을 고르십시오.

1) 요즘 일자리를 ( 구하는 / 받는 ) 것이 어렵다고 들었어요.
2) 텔레비전에서 ( 광고 / 관람 )하는 물건을 보면 사고 싶어져요.
3) 담배를 ( 그만둘 수 / 끊을 수 ) 있는 방법을 좀 가르쳐 주세요.
4) 어머니는 ( 자상하게 / 엄격하게 ) 웃으시면서 말씀하셨어요.
5) 사무실에 들어가자마자 사장님과 눈이 ( 꼭 / 딱 ) 마주쳤어요.

3. 다음은 직장 생활에 관한 글입니다. 〈보기〉에서 알맞은 말을 골라 글을 완성하십시오.

| 보기 | 입사하다 | 담당하다 | 홍보하다 | 서투르다 | 회식하다 |
|---|---|---|---|---|---|

새로 1)______(으)ㄴ 빌리 씨는 우리 과에서 해외에 우리 회사 상품을 2)______는 일을 3)______게 되었습니다. 경희대학교에서 1년 동안 한국어를 공부했지만 아직 4)______ㅂ/습니다. 그러니까 여러분이 많이 도와주세요. 그리고 오늘 저녁 7시에 회사 앞 호프집에서 5)______(으)ㄹ 거예요. 특별한 약속이 없는 사람은 꼭 오세요.

## 쓰 기 I

옆 친구를 인터뷰하고 친구를 소개하는 글을 써 봅시다.

1. **성장 과정** 학창 시절, 가족 관계 등 어릴 때부터의 생활을 쓴다. 개성이나 장점이 잘 드러나게 쓴다.

2. **성격 및 장단점** 장점은 성격과 특기를 중심으로 쓰며, 단점은 앞으로 개선하려는 의지와 노력을 중심으로 솔직하게 쓴다.

3. **유학 동기** 한국에 오게 된 동기를 구체적으로 쓴다.

4. **장래 희망** 앞으로 무엇을 할 것인지, 어떠한 자세로 사회에서 일하고 봉사할 것인지에 대한 생각, 계획 등을 쓴다.

인터뷰 내용을 가지고 친구를 소개하는 글을 직접 작성해 봅시다.

## 친구 소개하기

## 쓰 기 II

"내가 갖고 싶은 직업"이라는 제목으로 글을 쓰려고 합니다. 다음의 순서에 따라 글을 완성하십시오.

1. 여러분이 갖고 싶은 직업과 관련된 사진이나 자료를 붙이고 질문에 답하십시오.

1) 여러분은 어떤 직업을 갖고 싶습니까? ______________________

2) 주로 무슨 일을 하는 직업입니까? ______________________

3) 그 직업을 갖기 위해서 무엇을 준비해야 합니까? ______________________

2. 다음 중 내가 갖고 싶은 직업을 설명하는 데 필요한 단어를 다섯 개 고르거나 생각나는 단어를 쓰십시오.

| 근무 시간 | 월급 | 휴가 | 출장 | 시험 |
|---|---|---|---|---|
| 영업 | 연구 | 사무 | 대인 관계 | 재택 근무 |

3. 위에서 고른 단어로 문장을 만드십시오.

1) ______________________

2) ______________________

3) ____________________

4) ____________________

5) ____________________

4. 다음 질문에 답하십시오.

1) 언제부터 그 직업을 갖고 싶었습니까? ____________________

2) 동기는 무엇입니까? ____________________

3) 그 직업을 가졌을 때 좋은 점은 무엇입니까? ____________________

4) 다른 직업과 비교해서 좋은 점은 무엇입니까? ____________________

5. 1번부터 4번까지의 내용을 가지고 한 편의 글을 완성해 봅시다.

## 형성 평가

시간 50분 점수 /100

※ 각 문제는 3점씩입니다. 단, 16번부터 25번 문제는 각 4점씩입니다.

【1~4】 잘 듣고 쓰십시오.

1. ____________ 2. ____________

3. ____________ 4. ____________

【5~6】 잘 듣고 빈칸에 쓰십시오.

5. 이 분은 새로 ____________ 빌리 화이트 씨예요.

6. 아직 ____________ 잘 모르지만, 집에서 할 수 있는 일이어서 좋아요.

【7~8】 대화를 잘 듣고 질문에 답하십시오.

7. 나오코가 수업 내용을 이해하기 힘든 이유는 무엇입니까?

____________

8. 들은 내용과 다른 것을 고르십시오.

① 두 사람은 오랜만에 만났다.
② 나오코는 오늘 민정이를 만난다.
③ 빌리는 다시 회사에 들어가야 한다.
④ 나오코는 내일 수업에서 발표를 한다.

【9~10】 대화를 잘 듣고 질문에 답하십시오.

9. 빌리는 왜 한국에 왔습니까?

____________

10. 빌리는 미국에서 몇 년 동안 공부했습니까?

① 1년 ② 1년 반 ③ 2년 ④ 2년 반

## 【11~15】 다음 〈보기〉에서 알맞은 말을 골라 문장을 완성하십시오.

| 보기 | 적성 | 가치 | 월급 | 의식주 | 조건 |
|---|---|---|---|---|---|

11. 자신이 원하는 모든 ________ 에 맞는 직업을 찾기는 쉽지 않아요.
12. 다른 사람에게 도움이 되는 ________ 있는 일을 하고 싶어요.
13. 사람들은 ________ 을/를 해결하기 위해 직업을 필요로 합니다.
14. 취직해서 첫 ________ 을/를 받았을 때 정말 기뻤어요.
15. 자신의 ________ 에 맞는 직업을 선택하는 게 좋습니다.

16. 다음 중 틀린 문장을 고르십시오.

① 누구를 만났는지 궁금해요.
② 대답을 잘 했는지 모르겠어요.
③ 연극이 이렇게 재미있는지 몰랐어요.
④ 언제 시간이 있을지 없을지 모르겠어요.

## 【17~21】 다음 〈보기〉에서 알맞은 말을 골라 문장을 연결하십시오.

| 보기 | -았았는데/었었는데- | -아/어도 | -자마자 | -(으)ㄴ/는 만큼 | -(으)ㄴ/는지 |
|---|---|---|---|---|---|

17. 급한 전화였는지 전화를 ________ (끊다) 뛰어 나갔어요.
18. 이 책은 너무 어려워서 ________ (읽다) 내용을 모르겠어요.
19. 지금까지 살아오면서 어떤 일들을 ________ (하다) 1장 정도 써 오십시오.
20. 열심히 ________ (준비하다) 좋은 결과가 있을 겁니다.
21. 작년에는 이 옷이 조금 ________ (크다) 지금은 안 커요.

## 【22~25】 다음 〈보기〉에서 알맞은 말을 골라 문장을 완성하십시오.

| 보기 | -나 보다/(으)ㄴ가 보다 | -네요 | -잖아요 | -아/어 놓다/두다 |
|---|---|---|---|---|

22. 아직 안 일어났어요? 오늘부터 같이 운동하기로 ________. 빨리 오세요.
23. 산에 오니까 공기가 참 ________.

24. 대답할 내용을 미리 ______. 그러면 점수를 잘 받을 수 있을 거예요.

25. 안 좋은 일이 ______. 어제부터 별로 먹지도 않고 말도 안 해요.

## 【26~28】 다음 글을 잘 읽고 질문에 답하십시오.

사람은 누구나 나이를 먹으면 직업을 갖게 된다. 직업을 고를 때 사람들은 어떤 조건을 고려할까? 직업을 선택하는 조건에는 월급, 사회적 가치, 적성 등이 있다. 가장 먼저 생각하게 되는 것은 ( ㉠ )이다. 일을 통해 번 돈으로 의식주를 해결하기 때문이다. 직업을 선택하는 또 다른 조건은 보람과 ( ㉡ )이다. 힘이 들어도 다른 사람에게 도움을 줄 수 있으면 그 일은 가치 있는 일이다. 하지만 무엇보다 중요한 조건은 개인의 ( ㉢ )이다. ㉣다른 조건이 좋아도 적성에 맞지 않아 즐겁게 일할 수 없다면 오래 하기 힘들고, 스스로 만족하기도 어렵다.

26. 이 글은 무엇에 대해 이야기하고 있습니까?

① 직업을 고르는 나이 ② 직업을 고르는 사람
③ 직업을 고르는 이유 ④ 직업을 고르는 조건

27. ㉠, ㉡, ㉢에 알맞은 말을 윗글에서 찾아 쓰십시오.

㉠ ______
㉡ ______
㉢ ______

28. ㉣의 의미로 볼 수 없는 것은 무엇입니까?

① 월급이 많아도 ② 의식주를 해결해도
③ 힘이 들어도 ④ 가치 있는 일이어도

## 【29~30】 다음 글을 잘 읽고 질문에 답하십시오.

보다 즐거운 직장 생활을 만드는 방법에 대해 알아보자. 먼저 끊임없이 자기 자신의 능력을 계발하라. 매일 15분이라도 자기 계발을 위해 사용하자. 그 시간에 할 수 있는 일은 생각보다 많다. 둘째, 건강을 관리하라. 늘 피곤하거나 건강하지 못한 사람은 큰일을 할 수 없다. 셋째, 계획을 세워 행동하라. 하루 종일 능률적으로 일할 수 있는 사람은 없다. 일정표를 만들고 이에 따른다면 훨씬 효율적으로 생활할 수 있다. 넷째, 원만한 대인 관계를 형성하라. 마지막으로 ㉠스스로의 일을 긍정적으로 생각하는 습관을 가져라.

29. ㉠과 바꿔 쓸 수 있는 말을 윗글에서 찾아 쓰십시오. (4음절)

30. 윗글의 내용과 다른 것을 모두 고르십시오.

① 자기 계발을 위해 사용하는 시간은 하루에 15분이 적당하다.
② 보다 즐거운 직장 생활을 만드는 방법 4가지를 소개하고 있다.
③ 자신의 습관을 긍정적으로 생각하는 것도 좋은 방법 중 하나이다.
④ 일정표에 따라 효율적으로 생활하면 직장 생활이 좀더 즐거울 것이다.

# 관련 어휘

## 직장 생활과 아르바이트에 관련된 어휘 · 표현

- 일자리를 구하다
- 새로 입사하다
- 신입 사원 / 경력 사원
- 직장 동료 / 직장 선배
- 해외 홍보를 담당하다
- 자료를 정리하다
- 거래처에 다녀오다
- 새로운 것을 경험하다
- 회식을 하다
- 월급을 받다
- 근무 시간
- 아르바이트를 해 본 경험이 있다
- 번역을 하다
- 시간당 3,000원을 받다

## 직업에 관련된 어휘

- 직업을 갖다 / 고르다 / 선택하다
- 직업을 선택하는 조건
- 월급 / 사회적 가치 / 적성
- 조건을 고려하다
- 조건에 맞는 일을 찾다
- 의식주를 해결하다
- 가치가 있는 일을 하다
- 경찰관 / 소방관 / 청소부 / 집배원
- 보람을 느끼다
- 적성에 맞다
- 존경 받는 직업

## 어휘 I

1. 다음에 제시한 말이 어떤 뜻을 가지고 있는지 알아보고 빈칸에 알맞은 말을 쓰십시오.

실(實) + 력 ⇨ 실력
실(實) + 명 ⇨ 실명
실(實) + 물 ⇨ 실물
실(實) + 천 ⇨ 실천
실(實) + 험 ⇨ 실험
실(實) + 화 ⇨ 실화

1) 과학에서는 관찰이나 ______이 아주 중요합니다. 요즘은 인간의 신체와 생명에 관련된 ______을 많이 합니다.

2) 연예인은 ______ 대신 주로 가명을 씁니다. 가명이 ______보다 예쁘고 기억하기 쉽기 때문입니다.

3) 언제나 말로만 일을 하는 사람은 다른 사람에게 믿음을 주지 못합니다. 사람들에게 믿음을 주기 위해서는 말로만 하지 말고 행동으로 ______을 해야 합니다.

4) 실제로 있었던 이야기를 ______라고 합니다. 영화나 드라마는 ______를 가지고 만들기도 합니다.

2. 다음은 명사와 '들다'가 함께 쓰이는 표현입니다. 어떤 경우에 쓰는 표현인지 알아보고 빈칸에 알맞은 말을 쓰십시오.

| 명사 | | | | |
|---|---|---|---|---|
| 돈 | + | 들다 | ⇨ | 돈이 들다 |
| 시간 | | | | 시간이 들다 |
| 힘 | | | | 힘(이) 들다 |
| 생각 | | | | 생각이 들다 |
| 정 | | | | 정(이) 들다 |
| 나이 | | | | 나이(가) 들다 |

1) 유학 생활을 하는 데는 ________기 때문에 유학을 가기 전에 아르바이트를 하는 학생들이 많습니다.

2) 유학생들은 방학이 되면 고향에 가고 싶은 ________. 그래서 미리 비행기 표를 예약해 두는 학생들이 많습니다.

3) 주말에 쉬지 못 하면 한 주의 시작이 ________. 그래서 일요일에는 집에서 편안하게 쉬는 것이 좋습니다.

4) 사람을 자주 보거나 오래 만나게 되면 ________. 그래서 한 번 ________ 헤어지는 것이 어렵습니다.

## 문 법

### 1 동작동사 는 바람에

다음의 일 때문에 좋지 못한 결과가 생겼습니다. '-는 바람에'를 사용하여 문장을 완성하십시오.

1) 차가 밀리다 (약속 시간에 늦었어요)
⇨ 차가 밀리는 바람에 약속 시간에 늦었어요.

2) 늦게 일어났어요 ( )
⇨

3) 갑자기 비가 왔어요 ( )
⇨

4) 정전이 되었어요 ( )
⇨

5) 갑자기 물이 안 나왔어요 ( )
⇨

6) 멀미를 심하게 했어요 ( )
⇨

### 2 얼마나 상태동사 (으)ㄴ지 모르다

1. 다음과 관계있는 단어를 두 가지 이상 쓰십시오.

1) 사람이 많은 장소 : 월드컵 경기장, 명동
2) 재미있는 게임 :
3) 친절한 사람 :
4) 배우기 어려운 언어 :
5) 슬픈 영화 :
6) 맛있는 음식 :

2. 1에서 쓴 단어가 가진 특성을 강조하여 이야기하려고 합니다. '얼마나 -(으)ㄴ지 모르다'를 사용하여 문장을 만드십시오.

1) 명동에는 사람이 얼마나 많은지 몰라요
2) 
3) 
4) 
5) 
6) 

## 3 동사 더군요

1. 여러분이 예전에 보거나 듣거나 생각한 것을 다른 사람에게 이야기하려고 합니다. '-더군요'를 사용하여 문장을 바꾸십시오.

1) 어제 학교에서 드라마를 촬영하고 있었습니다.
⇨ 어제 학교에서 드라마를 촬영하고 있더군요.

2) 여의도에 갔는데 사람들이 인라인 스케이트를 많이 타고 있었습니다.
⇨ 

3) 오늘 학교 식당 메뉴가 좋았습니다.
⇨ 

4) 길에서 선생님 가족을 만났는데 아이가 예뻤습니다.
⇨ 

5) 광화문에 갔는데 늦은 시간까지 사람이 많았습니다.
⇨ 

6) 새로 온 반 친구의 키가 아주 컸습니다.
⇨ 

2. 다음 〈보기〉의 일을 직접 본 경우에는 '-더군요'를 사용하고, 직접 보지는 않았지만 결과를 보고 그 일을 알 수 있는 경우에는 '-았/었더군요'를 사용하여 문장을 만드십시오.

1) 보기 영철 씨가 머리를 깎다

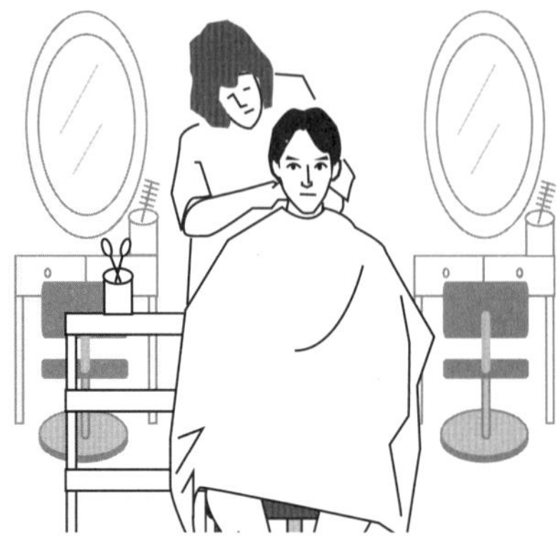

(1) 영철 씨가 어제 머리를 깎는 것을 보았다.

⇨ 영철 씨가 어제 머리를 깎더군요.

(2) 오늘 아침에 영철 씨를 만났는데 머리를 짧게 깎았다.

⇨ 오늘 아침에 영철 씨를 만났는데 머리를 짧게 깎았더군요.

2) 보기 민정 씨가 숙제를 하다

(1) 민정 씨가 어제 숙제를 하는 것을 보았다.

⇨

(2) 민정 씨 공책을 봤는데 숙제를 했다.

⇨

3) 보기 나오코 씨가 말하기 대회에서 발표하다

(1) 지난주에 나오코 씨가 말하기 대회에서 발표하는 것을 보았다.

⇨

(2) 나오코 씨가 말하기 대회에서 발표하는 사진을 보았다.

⇨

## 4 동작동사 (으)ㄹ까 하다

● 데이트 계획을 세우고 '-(으)ㄹ까 하다'를 이용하여 글을 쓰십시오.

계획1
-데이트 상대 : 빌리 씨
-시간 : 이번 주말
-장소 : 경복궁
-하고 싶은 일 : 사진 찍기, 산책하기, 식사하기

⇨ 주말에 빌리 씨와 데이트를 할까 합니다. 함께 경복궁에 갈까 합니다. 같이 사진도 찍고 산책도 할까 합니다. 그리고 저녁에는 함께 식사를 할까 합니다.

계획1

-데이트 상대 :

-시간 :

-장소 :

-하고 싶은 일 :

⇨

## 5 동사 거든요

상대방이 말한 내용에 대해 이유를 설명하려고 합니다. '-거든요'를 사용하여 대답하십시오.

1. 가 : 왜 식사 안 하세요?
   나 : 점심을 늦게 먹었거든요.
2. 가 : 왜 그렇게 시험을 못 봤어요?
   나 :
3. 가 : 주말인데 왜 회사에 계세요?
   나 :
4. 가 : 왜 사전을 바꿨어요?
   나 :
5. 가 : 요즘 취업하기가 많이 힘든가 봐요.
   나 :
6. 가 : 오늘은 일찍 퇴근하시네요.
   나 :

## 6 아무 명사 도, 아무 명사 (이)나

● 〈보기〉에서 알맞은 말을 골라 문장을 완성하십시오.

| 보기 | 아무 거나 | 아무 데도 | 아무 데나 | 아무 때나 | 아무도 | 아무에게나 |
|---|---|---|---|---|---|---|

1. 가 : 어디 가고 싶은 곳 없어요?
   나 : 저는 아무 데나 괜찮아요.
2. 가 : 누구에게 물어보면 돼요?
   나 : ______ 물어보세요.
3. 가 : 사진을 언제쯤 찾을 수 있을까요?
   나 : 1시 이후에 ______ 오세요.
4. 가 : 지금 교실에 누가 있어요?
   나 : ______ 없어요.
5. 가 : 무슨 영화를 볼까요?
   나 : ______ 보자.
6. 가 : 왜 집에만 있니?
   나 : 얼마 전에 다리를 다쳐서 ______ 못 가.

## 7 동작동사 나요? / 상태동사 (으)ㄴ가요?

● '-나요/(으)ㄴ가요?'를 사용하여 질문을 만드십시오.

1. 가 : 빌리 씨, 오늘은 학교 안 가나요?
   나 : 오늘은 개교기념일이라서 수업이 없어요.
2. 가 : ______
   나 : 저희 매장은 오후 9시까지 문을 엽니다.
3. 가 : ______
   나 : 다음주까지만 제출하시면 됩니다.
4. 가 : ______
   나 : 안 그래도 어제 통화했었는데 괜찮다고 하더라고요.

## 8 명사 에 따르면

● 어떤 근거를 가지고 이야기하려고 합니다. '-에 따르면'을 사용하여 문장을 만드십시오.

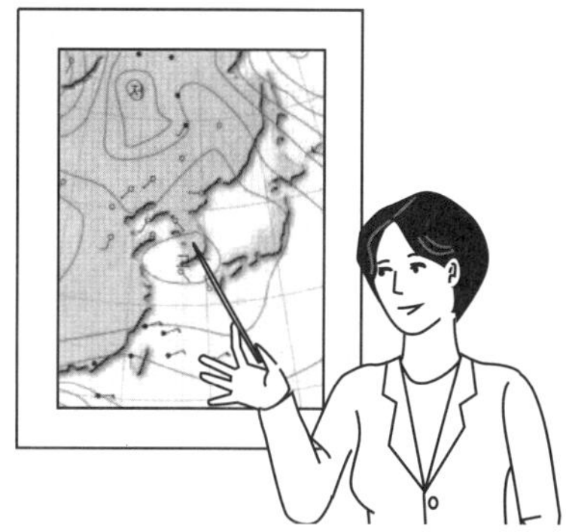

1. 일기예보
   ⇨ 일기예보에 따르면 오늘 낮부터 흐리고 비가 온다고 합니다.
2. 여론조사
   ⇨
3. 결혼정보회사
   ⇨
4. 한국의 주도
   ⇨
5. 한국의 식사 예절
   ⇨

6) 출입국관리사무소 책임자
   ⇨

## 9 명사 에 비해(서)

1. 다음 대상을 다른 대상과 비교하여 그것과 다른 특징을 말하려고 합니다.

1) 봄 : 다른 계절
   ⇨ 봄은 다른 계절에 비해서 꽃가루 알레르기가 많이 생깁니다.

2) 여자 : 남자
   ⇨

3) 한국 대학생 : 다른 나라 대학생
   ⇨

4) 도시 : 시골
   ⇨

2. 다음 대상은 서로 반대되는 특성을 가지고 있습니다. '-에 비해'를 사용하여 문장을 만드십시오.

1) 내 동생, 몸무게
⇨ 내 동생은 몸무게에 비해 날씬해요.

2) 빌리 씨, 나이
⇨

3) 이 옷, 가격
⇨

4) 이 회사, 월급
⇨

## 듣고 말하기

나오코가 지난주에 산 화장품의 문제에 대해 이야기하고 있습니다. 잘 듣고 질문에 답하십시오.

1. 잘 듣고 빈칸에 쓰십시오.

   1) 가끔 ________ 잘 안 맞는 경우가 있거든요.

   2) 그래서 다른 제품으로 ________ 하는데요.

2. 잘 듣고 질문에 답하십시오.

   1) 나오코가 화장품을 교환하려는 이유를 고르십시오.

      □ 값이 너무 비싸서
      □ 피부에 잘 맞지 않아서
      □ 얼굴이 너무 아파 보여서
      □ 다른 제품이 더 좋아 보여서

   2) 판매원이 권해 준 화장품의 장점을 쓰십시오.

      ________

3. 다음 대화 상황 중에서 하나를 골라, 아래의 문법을 참고하여 대화를 만들어 보십시오.

■ 상황 ① 인터넷으로 신발을 주문했는데 치수가 작다.
■ 상황 ② 구입한 지 얼마 안 된 냉장고가 고장이 나서 A/S를 요청하려고 한다.

| | | |
|---|---|---|
| 얼마나 -(으)ㄴ지 모르다 | -(으)ㄹ까 하다 | -거든요 |
| 아무 -도 / 아무 -(이)나 | -나요? / -(으)ㄴ가요? | -에 따라(서) |

가 :

나 :

가 :

나 :

가 :

나 :

가 :

나 :

가 :

나 :

### 대 화

판매원 : 어서 오세요. 뭘 찾으세요?
나오코 : 지난 주에 제가 여기에서 화장품을 샀는데 그걸 바른 후부터 얼굴에 자꾸 뭐가 나요.
판매원 : 그래요? 가끔 피부에 따라 잘 안 맞는 경우가 있거든요.
나오코 : 오늘 아침에도 발랐는데, 얼굴이 빨갛게 되면서 얼마나 아팠는지 몰라요.
판매원 : 정말 죄송합니다.
나오코 : 그래서 다른 제품으로 바꿔 볼까 하는데요. 교환이 되나요?
판매원 : 그럼요. 교환해 드립니다. 손님, 이 제품을 한번 써 보시겠어요? 저도 이걸 사용하고 있는데 아주 순하고 부드러워요.
나오코 : 그래요? 그럼 이걸로 바꿀게요. 하지만 또 부작용이 생기면 환불해 주셔야 해요?
판매원 : 네, 문제가 생기면 아무 때나 오세요.

## 읽 기

다음 빈칸에 들어갈 말을 〈보기〉에서 골라 쓰십시오.

| 보기 | 반(反) | 완(完) | 초(超) | 취(取) |
|---|---|---|---|---|

1. ( )급 ( )득 ( )소 ( )재 ⇨
2. ( )납 ( )품 ( )환 ( )환점 ⇨
3. ( )불 ( )성 ( )승 ( )치 ⇨
4. ( )고속 ( )과 ( )대형 ( )만원 ⇨

다음 글을 잘 읽고 질문에 답하십시오.

한국 소비자 보호원 http://www.cpb.or.kr 참조

**민정이의 피해 사례 : 서적, 음반, 교재**

문 : 방문 판매 계약 후 계약금 환불이 가능한지 알고 싶습니다. 방문 판매원으로부터 외국어 회화교재를 30만 원에 구입하기로 하고, 계약금으로 5만 원을 지불하였습니다. 그러나 교재를 ( ㉠ ) 후회가 되더군요. ( ㉡ ) 구입 후 3일 만에 계약을 취소한다는 우편물을 교재회사에 보냈습니다. 교재회사에서는 교재는 가지러 오겠지만, 계약금은 돌려줄 수 없다고 합니다. 정말 계약금을 환불받을 수는 없나요?

답 : 계약금 환불을 요구할 수 있습니다. 방문 판매법( ㉢ ) 방문 판매 계약을 약속한 소비자는 계약 후 10일 이내에 서면으로 계약을 취소할 수 있습니다. 계약 취소는 서면 발송 당일부터이며, 상품 반환에 필요한 비용은 방문 판매자가 부담합니다

1. 민정이가 사기로 한 외국어 교재의 가격은 얼마입니까?

☐ 5만 원 ☐ 25만 원 ☐ 30만 원 ☐ 35만 원

2. ㉠에 알맞은 말은 무엇입니까?

☐ 살수록 ☐ 사면서도 ☐ 사자마자 ☐ 사는 대로

3. ㉡에 알맞은 말은 무엇입니까?

☐ 그리고 ☐ 그래서 ☐ 그런데 ☐ 그렇지만

4. ㉢에 알맞은 말은 무엇입니까?

☐ 에 따르면 ☐ 에 대해서 ☐ 에다가 ☐ 에 비해서

### 빌리의 피해 사례 : 자동차 대여

문 : 빌린 차를 약속 날짜보다 하루 일찍 반납했습니다. 사용하지 않은 하루분 렌트비를 환불받을 수 있을까요? 렌트 회사에서는 소비자의 사정으로 일찍 반납했기 때문에 환불이 불가능하다고 합니다.

답 : 하루 비용의 10%를 뺀 나머지 금액을 환불받을 수 있습니다. 소비자피해보상규정에 따르면 남은 대여 기간 대여금의 10%를 빼고 환불하도록 되어 있습니다.

5. 빌리가 렌트 회사에 30만 원을 주고 3일 동안 자동차를 빌렸다면, 위와 같은 경우에 얼마를 돌려받을 수 있습니까?

6. 빌리가 하루분 렌트비를 환불받을 수 있는 근거는 무엇입니까?

### 나오코의 피해 사례 : 여행

문 : 제주도 3박 4일 단체 여행을 계약하고 190만 원을 완불했습니다. 그런데 여행 출발 2일 전에 교통사고( ㉣ ) 병원에 입원하게 되었습니다. ㉤이때도 여행사에 계약취소 수수료를 내야 합니까?

답 : 국내여행 표준약관에 따르면 질병 등 여행자 신체에 문제가 생겨 여행이 불가능한 경우에는 취소수수료를 내지 않아도 됩니다. 단, 사고( ㉥ ) 병원에 입원했다는 서류를 여행사에 보내야 합니다.

7. 나오코가 여행사로부터 받을 수 있는 돈이 얼마인지 쓰십시오.

8. ㉣과 ㉥에 공통으로 들어갈 말을 고르십시오.

☐ 가 ☐ 는 ☐ 로 ☐ 만

9. ㉤이 가리키는 때는 언제입니까?

☐ 출발 이틀 전
☐ 국내여행 표준약관에 따른 때
☐ 이미 여행 경비를 완불했을 때
☐ 교통사고 때문에 여행 계약을 취소했을 때

## 어 휘 II

1. 〈보기〉에서 알맞은 말을 골라 문장을 완성하십시오.

| 보기 | 다양하다 | 달라지다 | 넘다 | 추천하다 | 주의하다 |
|---|---|---|---|---|---|

1) 밖에 나간 지 벌써 5시간이 ______았/었지만 연락이 없어요.
2) 지난 10년 동안 서울은 아주 많이 ______았/었어요.
3) 그 사람은 아주 ______(으)ㄴ 취미 생활을 해요.
4) 물건을 살 때 특히 ______아/야 할 점은 무엇입니까?
5) 재미있는 책을 한 권 ______아/어 주세요..

2. (　　　)에서 알맞은 말을 고르십시오.

1) 저는 대학생 때 백화점에서 상품을 ( 판매 / 구매 )하는 아르바이트를 해 봤어요.
2) 배추, 귤, 수박과 같은 ( 수산물 / 농산물 )은 가락시장이 싸요.
3) 사장님은 지금 ( 외출 / 외식 )하셨습니다. 오후에 다시 전화해 주십시오.
4) 식사하러 나가려고 할 때 ( 아무래도 / 마침 ) 친구가 와서 같이 식사했어요.
5) 요즘에는 남편과 아내가 모두 직장에 다니는 ( 맞벌이 / 젊은이 ) 부부들이 많아요.

3. 다음은 환불에 관한 글입니다. 〈보기〉에서 알맞은 말을 골라 글을 완성하십시오.

| 보기 | 교환하다 | 바느질하다 | 보관하다 | 살펴보다 | 마음에 들다 |
|---|---|---|---|---|---|

구입한 물건이 1)______지 않거나 문제가 있으면 2)______거나 환불할 수 있습니다. 이때에는 영수증이 필요합니다. 그러므로 물건을 살 때 받은 영수증은 3)______아/어 두어야 합니다.

재래시장이나 작은 가게에서는 거의 환불을 해 주지 않습니다. 그러므로 물건을 살 때 잘 4)______아/어야 합니다. 옷을 구입할 때는 꼭 입어 보고 5)______(으)ㄴ 상태도 꼼꼼히 보아야 합니다.

## 쓰 기 I

다음 그림을 시간 순서대로 연결하고 이야기를 완성하십시오.

## 쓰 기 II

"우리나라의 시장"이라는 제목으로 글을 쓰려고 합니다. 다음의 순서에 따라 글을 완성하십시오.

1. 여러분 나라의 유명한 시장과 관련된 사진이나 자료를 붙이고 질문에 답하십시오.

   1) 그 시장의 이름은 무엇입니까? ______

   2) 어디에 있습니까? ______

   3) 주로 무엇을 팝니까? ______

2. 여러분 나라의 시장을 소개하는 데 필요한 단어를 다섯 개 고르거나 생각나는 단어를 쓰십시오.

| 가게 | 과일 | 생선 | 채소 | 옷 |
|---|---|---|---|---|
| 사다 | 팔다 | 싸다 | 깎다 | 먹다 |

3. 위에서 고른 단어로 문장을 만드십시오.

   1) ______

   2) ______

3) ____________________

4) ____________________

5) ____________________

4. 다음 질문에 답하십시오.

1) 그 시장은 왜 유명합니까? ____________________

2) 시장에서 물건을 살 때의 단점은 무엇입니까? ____________________

3) 백화점보다 시장이 좋은 이유는 무엇입니까? ____________________

5. 1번부터 4번까지의 내용을 가지고 한 편의 글을 완성해 봅시다.

## 형성 평가

시간 50분 점수 /100

※ 각 문제는 3점씩입니다. 단, 16번부터 25번 문제는 각 4점씩입니다.

【1~4】 잘 듣고 쓰십시오.

1. ______ 2. ______

3. ______ 4. ______

【5~6】 잘 듣고 빈칸에 쓰십시오.

5. ______ 오는 바람에 조금 늦었어요.

6. 열차 출발 이틀 전까지는 ______ 가능합니다.

【7~8】 대화를 잘 듣고 질문에 답하십시오.

7. 나오코는 왜 옷을 교환하려고 합니까?

______

8. 들은 내용과 다른 것을 고르십시오.

① 나오코는 옷을 이틀 전에 샀다.
② 환불을 받으려면 영수증이 있어야 한다.
③ 나오코가 바꾸려는 옷은 사이즈가 없다.
④ 나오코는 한 사이즈 작은 것으로 바꾸고 싶어한다.

【9~10】 대화를 잘 듣고 질문에 답하십시오.

9. 중고 컴퓨터의 보증 기간은 얼마입니까?

______

10. 들은 내용과 다른 것을 고르십시오.

① 중고 컴퓨터도 보증기간이 있다.
② 빌리는 노트북 컴퓨터를 사려고 한다.
③ 빌리는 요즘 컴퓨터 때문에 걱정이 많다.
④ 전문 상가에 가면 중고 컴퓨터는 살 수 없다.

【11~15】 다음 〈보기〉에서 알맞은 말을 골라 문장을 완성하십시오.

| 보기 | 팔리다 | 알아보다 | 중고 | 보증 | 전문 |
|---|---|---|---|---|---|

11. 요즘 가장 잘 ______ 는 상품이 바로 이것입니다.
12. 이 컴퓨터는 ______ 컴퓨터인데도 새 것처럼 깨끗하네요.
13. 물건을 살 때는 품질과 가격을 자세히 ______ 아/어야 해요.
14. 이 상품은 2년 동안 ______ 을/를 해 주니까 2년 이내에 고장이 나면 오세요.
15. 용산 전자상가와 같은 ______ 상가에서는 가전제품을 싸게 살 수 있어요.

16. 다음 중 맞는 문장을 고르십시오.

① 운이 좋은 바람에 길에서 돈을 주웠어요.
② 지갑을 놓고 나왔는 바람에 다시 들어갔어요.
③ 생각보다 사람이 많은 바람에 음식이 부족했어요.
④ 부장님이 급한 일을 시키시는 바람에 퇴근을 못 했어요.

17. 다음 중 틀린 문장을 고르십시오.

① 이번 주에 할 일이 얼마나 많은지 몰라요.
② 작년에는 축제가 얼마나 재미있는지 몰라요.
③ 제 동생은 다섯 살인데 얼마나 똑똑한지 몰라요.
④ 구두를 신다가 운동화를 신으니까 얼마나 편한지 몰라요.

【18~19】 다음 밑줄 친 부분과 의미가 비슷한 것을 고르십시오.

18. 학생 식당은 값에 비해 음식이 맛있어요.

① 값이 비싸지만　② 값이 비싸기 때문에
③ 값이 비싸지 않지만　④ 값이 비싸지 않아서

19. 바둑은 다른 취미에 비해 집중력이 많이 필요합니다.

① 다른 취미처럼　② 다른 취미만큼
③ 다른 취미보다　④ 다른 취미 정도로

● 【20~21】 다음 〈보기〉에서 알맞은 말을 골라 문장을 완성하십시오.

| 보기 | -에 따르면 | -에 비해서 |
|---|---|---|

21. 사계절 중에 봄과 가을은 다른 계절 ______ 짧습니다.

22. 한국의 주도 ______ 어른께 술을 따르거나 받을 때는 항상 두 손을 사용해야 합니다.

● 【22~23】 다음 〈보기〉에서 알맞은 말을 골라 문장을 완성하십시오.

| 보기 | 얼마나 -(으)ㄴ지 모르다 | -더군요 |
|---|---|---|

22. 직업을 고를 때 고려해야 하는 일이 생각보다 ______.

23. 지난 주부터 아르바이트를 하고 있는데 사장님이 ______.

● 【24~25】 다음 〈보기〉에서 알맞은 말을 골라 문장을 완성하십시오.

| 보기 | -거든요 | -(으)ㄹ까 하다 |
|---|---|---|

24. 가 : 생각보다 한국말을 잘 하시네요.
    나 : 한국에 오기 전에 1년쯤 ______.

25. 가 : 다음 주면 방학인데 특별한 계획이 있으세요?
    나 : 이번이 마지막 방학이어서 ______.

● 【26~27】 다음 글을 잘 읽고 질문에 답하십시오.

> 백화점이나 대형 할인점에서는 영수증만 있으면 일주일 이내에 환불이 가능하다. 그러므로 물건을 구입했을 때에는 영수증을 반드시 보관해야 한다. 하지만 재래 시장이나 작은 가게에서는 ㉠환불을 거의 해 주지 않는다.

26. 윗글에서 이야기하지 않은 것은 무엇입니까?

① 환불이 가능한 기간　　② 환불할 때 필요한 것
③ 환불이 가능한 물건의 종류　　④ 환불이 비교적 쉬운 곳

27. ㉠은 무슨 뜻입니까?

① 환불 받기가 쉽지 않다.
② 환불을 전혀 받을 수 없다.
③ 전액 환불해 주지는 않는다.
④ 환불을 하나도 받을 수 없다.

【28~30】 다음 글을 잘 읽고 질문에 답하십시오.

최근 쇼핑 문화가 빠르게 변하고 있다. 먼저 이삼십 대를 중심으로 쇼핑 시간이 ㉠달라지고 있다. 젊은이들은 동대문시장을 중심으로, 맞벌이 부부들은 대형 할인점을 중심으로 밤 쇼핑을 즐기고 있다. 쇼핑 장소도 백화점이나 재래 시장에서 대형 할인점이나 전문 상가 등으로 다양화되고 있다. 대형 할인점은 백화점에 비해서는 값싸게, 재래 시장에 비해서는 편리하게 물건을 (    ㉡    ). 용산 전자상가나 테크노마트와 같은 전문 상가는 한 장소에서 다양한 물건을 살펴보고 쇼핑을 즐길 수 있기 때문에 인기가 좋다. 이 밖에도 쇼핑할 시간이 없는 사람들을 위한 인터넷 쇼핑, TV 홈쇼핑 등의 쇼핑 방법도 큰 인기를 얻고 있다.

28. ㉠과 바꿔 쓸 수 없는 말은 무엇입니까?

① 바꾸고
② 바뀌고
③ 변하고
④ 변화하고

29. ㉡에 알맞은 말은 무엇입니까?

① 교환할 수 있다
② 구입할 수 있다
③ 사용할 수 있다
④ 판매할 수 있다

30. 윗글의 내용과 같은 것을 고르십시오.

① 대형 할인점은 백화점보다 값이 싸기 때문에 사람들이 즐겨 찾는다.
② 쇼핑할 시간이 없는 사람들에게는 대형 할인점보다 백화점이 편리하다.
③ 최근 이삼십 대는 낮에는 쇼핑을 전혀 하지 않고 밤에만 쇼핑을 즐긴다.
④ 인터넷 쇼핑은 한 장소에서 다양한 물건을 살펴볼 수 있어서 인기가 많다.

# 관련 어휘

## 환불에 관련된 어휘 · 표현

- 물건을 구입하다
- 물건이 마음에 들지 않다
- 물건 자체에 문제가 있다
- 교환이나 환불을 하다
- 교환이나 환불이 가능하다
- 영수증을 보관하다
- 물건을 살 때 주의해야 할 점
- 바느질 상태를 꼼꼼히 살펴보다
- 환불 사유를 적다
- 환불 카드를 작성하다
- 전액 환불 / 반액 환불
- 10%의 수수료를 내다
- 불편하다
- 약속을 지키다 / 어기다

## 쇼핑에 관련된 어휘 · 표현

- 쇼핑 문화가 변하다
- 쇼핑 시간이 달라지다
- 쇼핑 장소가 다양해지다
- 물건을 살펴보다
- 대형 할인점 / 전문 상가 / 재래 시장 / 백화점
- 인터넷 쇼핑 / TV 홈쇼핑
- 특별한 물건을 취급하다
- 농산물 / 수산물 / 각종 양재
- 중고 물건을 구입하다
- 보증을 해 주다
- 품질 보증 기간을 알아보다
- 식품 매장 / 패션 잡화 매장 / 의류 매장
- 스포츠 용품 매장 / 가전제품 매장
- 의류 / 식품 / 전자제품

## 어 휘 I

1. 다음은 날씨를 표현할 때 쓰는 말입니다. 어떤 날씨를 나타내는지 알아봅시다.

30℃

매우 덥다 / 무덥다 (무더위)

덥다 (더위)

따뜻하다

시원하다

0℃

쌀쌀하다

춥다 (추위)

매우 춥다 (강추위)

-30℃

환절기

2. 다음은 온도에 대한 느낌을 표현할 때 쓰는 말입니다. 어떤 느낌을 나타내는지 알아봅시다.

뜨겁다 | 따뜻하다 | 미지근하다 | 시원하다 | 차다 / 차갑다

3. 다음은 비와 관계있는 말입니다. 뜻을 알아보고 빈칸에 알맞은 말을 쓰십시오.

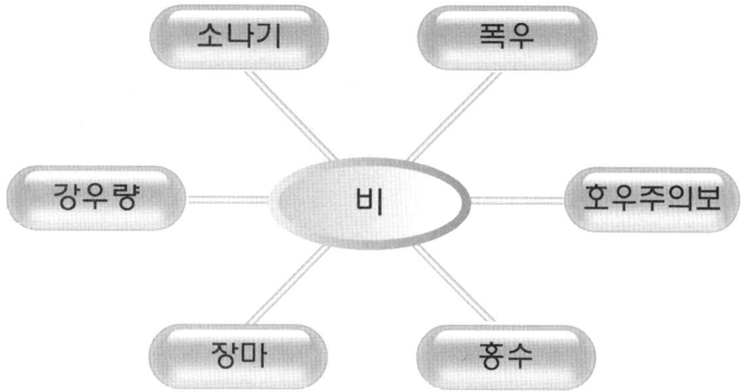


무지개, 가뭄

**비와 관련된 현상**

1) ______ 은 일정한 기간 동안 일정한 곳에 내린 비의 양을 말합니다. 옛날부터 사람들은 2) ______ 을 재기 위하여 여러 가지 과학적인 기구를 만들었습니다.

한국은 여름에 3) ______ 이 가장 높습니다. 왜냐하면 여름철에 여러 날 계속해서 비가 오기 때문입니다. 이것을 4) ______ 라고 합니다.

늦여름에는 태풍과 5) ______ 때문에 6) ______ 가 나기도 합니다. 반면에 봄에는 비가 너무 오랫동안 내리지 않아서 7) ______ 이 들기도 합니다.

## 문 법

### 1 동사 던

1. 과거에 오랫동안 계속 한 일이나 반복한 일을 이야기하려고 합니다. '-던'을 사용하여 대답하십시오.

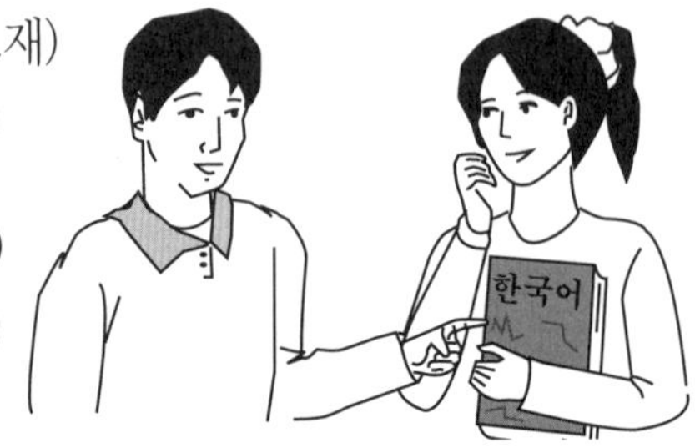


1) 가 : 그건 무슨 책이에요?(몇 년 전에 공부하다, 한국어 교재)
   나 : 몇 년 전에 공부하던 한국어 교재예요.

2) 가 : 사진 속의 이 남자는 누구예요?(예전에 사귀다, 남자)
   나 :

3) 가 : 이건 뭐예요?(초등학교 때 쓰다, 가방)
   나 :

4) 가 : 그건 어떤 게임이에요?(어렸을 때 하다, 게임)
   나 :

5) 가 : 이건 무슨 약이에요?(작년에 먹다, 보약)
   나 :

6) 가 : 저건 무슨 옷이에요?(군대에서 입다, 옷)
   나 :

2. 누군가가 하다가 중간에 멈춘 일을 생각하며 이야기하려고 합니다. 다음 상황에 맞게 '-던'을 사용하여 문장을 만드십시오.

1) 어제 비디오를 보다가 끝까지 보지 않았습니다. 그래서 오늘 계속 보려고 합니다
   가 : 어제 보던 비디오를 계속 볼까요?
   나 : 그래요. 계속 봅시다.

2) 책상을 보니까 누가 커피를 다 마시지 않고 남겨 두었습니다. 그래서 누구 커피인지 물어보고 있습니다.
   가 :
   나 : 아, 그거 제 커피입니다.

3) 친구와 이야기를 하고 있는데 전화가 와서 이야기를 멈추었습니다. 전화를 끊고 다시 친구와 이야기하려고 합니다.
   가 :
   나 : 그래, 계속 해.

4) 어제 친구가 열심히 모형비행기를 만들고 있는 것을 보았습니다. 다음 날 친구에게 그 비행기를 다 만들었는지 물어보려고 합니다.
가 : ____________
나 : 응, 다 만들었어.

## 2 동사 아/어지다

1. 시간이 지난 후 처음과는 다르게 변했습니다. '-아/어지다'를 사용하여 문장을 완성하십시오.

1) 처음에는 어색했는데 자꾸 만나니까 친해졌어요.
2) 운동을 안 했을 때는 자주 아팠지만 운동을 하니까 ____________
3) 전반전에는 선수들의 움직임이 아주 빨랐는데 후반전이 되니까 ____________
4) 아침에는 날씨가 맑았는데 오후가 되니까 ____________
5) 이번 달까지는 한가하지만 연말이 되면 ____________
6) 명절이 되면 복잡하던 서울 시내가 ____________

2. 〈보기〉에서 알맞은 말을 골라 문장을 완성하십시오.

| 보기 | 기다리다 | 느끼다 | 만들다 | 켜다 | 끄다 | 깨다 |
|---|---|---|---|---|---|---|

1) 이 탑은 600년 전에 만들어졌어요.
2) 우리 선생님에게서는 따뜻한 마음이 ____________
3) 정전이 돼서 컴퓨터가 갑자기 ____________
4) 계단에 있는 불이 자동으로 ____________
5) 6월은 휴가가 ____________ 때입니다.
6) ____________ 유리나 형광등은 함부로 만지지 마십시오.

## 3 "문장" 라고 하다

● 상대방이 한 이야기를 다른 사람에게 그대로 이야기하려고 합니다. '-라고 하다'를 사용하여 이야기하십시오.

1. 영철 : 내일부터 운동을 시작할 거예요.
   나 : 영철 씨가 "내일부터 운동을 시작할 거예요"라고 했어요.

2. 친구 : 주말에 같이 음악회에 갑시다.
   나 :

3. 하숙집 아주머니 : 어디에서 오셨어요?
   나 :

4. 선생님 : 공부 열심히 하세요.
   나 :

5. 어머니 : 집에 일찍 들어와라.
   나 :

6. 학교 선배 : 한국 음식을 참 잘 먹네요.
   나 :

## 4 동사 (ㄴ/는)다고 하다

1. 상대방이 한 이야기를 자신의 말로 이야기하려고 합니다. 다음 문장을 '-(ㄴ/는)다고 하다'를 사용하여 바꾸십시오.

1) 아기는 배가 고프면 웁니다.
   ⇨ 아기는 배가 고프면 운다고 합니다.

2) 쓰기 시험 점수가 낮아서 한국어능력시험에 떨어졌어요.
   ⇨

3) 내일은 제주도 지방에 한차례 소나기가 내리겠습니다.
   ⇨

4) 한국 부모들은 자녀 교육에는 돈을 아끼지 않아요.
   ⇨

5) 자격증이 많으면 취업하기가 쉬워요.

⇨ ______

6) 큰 사고가 나서 아마 보험료가 많이 오를 거예요.

⇨ ______

2. 나오코는 독일로 출장 간 빌리에게 전자 우편을 받았습니다. 빌리의 편지를 잘 읽고 나오코와 왕영의 대화를 완성하십시오.

나오코, 그 동안 잘 지냈어? 오랫동안 연락을 못 했네. 나는 지금 회사일 때문에 독일에 있어. 일이 많아서 정신이 없지만 친구들을 생각하면 기분이 좋아져. 특히 너와 왕영 씨가 보고 싶어. 다음주에 한국에 갈 거야. 한국에 도착하자마자 연락할게.

독일에서 빌리 화이트

나오코 : 지난 주에 빌리에게서 편지를 받았어요.

왕 영 : 빌리 씨는 어디에 있어요?

나오코 : 1) 빌리는 지금 회사일 때문에 독일에 있다고 해요.

2) 참, ______가 보고 싶다고 했어요.

왕 영 : 언제 온다고 했어요?

나오코 : 3) ______

4) 한국에 도착하자마자 ______에게 연락한다고 했어요.

## 5 동사 냐고 하다/묻다

어떤 사람이 질문한 말을 다른 사람에게 이야기하려고 합니다. '-냐고 하다'를 사용하여 문장을 바꾸십시오.

1. 한국에 언제까지 있을 거예요?

⇨ 한국에 언제까지 있을 거냐고 해요.

2. 복권이 1등에 당첨된다면 뭘 하고 싶어요?

⇨ ______

3. 한국 문화를 이해하기가 어렵지 않아요?

⇨

4. 학원에 다닐 시간이 없다면 인터넷 강의를 들어보는 건 어때요?

⇨

5. 집 찾느라고 힘들지 않았어요?

⇨

6. 한국에서 얼마나 살았어요?

⇨

## 6 동사 (으)ㄴ/는 걸 보니까

다음 내용을 보고 추측할 수 있는 일을 이야기해 보십시오. 그리고 '-(으)ㄴ/는 걸 보니까'를 사용하여 두 문장을 연결하십시오.

1. 김치를 잘 먹다 (한국에 오래 살다)

⇨ 김치를 잘 먹는 걸 보니까 한국에 오래 살았나 봐요.

2. 손님이 많다 (                    )

⇨

3. 방에 불이 켜져 있다 (                    )

⇨

4. 표가 매진되다 (                    )

⇨

5. 이마가 넓다 (                    )

⇨

6. 급히 나가다 (                    )

⇨

## 7 동사 (으)ㄹ 정도

〈보기〉에서 알맞은 말을 골라 '-(으)ㄹ 정도로'를 사용하여 문장을 완성하십시오.

| 보기 | | | |
|---|---|---|---|
| | 교과서를 다 외우다 | 모두 놀라다 | 모르는 게 없다 |
| | 몸을 움직이지 못하다 | 매일 극장에 가다 | 전혀 잠을 못 자다 |

1. 매일 극장에 갈 정도로 영화를 좋아해요.
2. ________ 오래 사귀었어요.
3. ________ 성적이 많이 올랐어요.
4. ________ 많이 다쳤어요.
5. ________ 기억력이 좋아요.
6. ________ 불면증이 심해요.

## 8 ㅅ 불규칙

밑줄 친 동사를 알맞게 바꾸십시오.

지난 주말에 우리 가족은 새로 1. 짓다 스포츠 센터에 갔어요. 전에 다니던 곳보다 시설이 2. 낫다 사람들이 무척 많았어요. 특히 수영장은 사람들이 너무 많아서 복잡했지만 바닥에 줄을 3. 긋다 놓아서 탈의실을 찾기는 쉬웠어요. 하지만 탈의실 앞에 사람들이 길게 줄을 4. 잇다 서 있어서 먼저 샤워실로 몸을 5. 씻다 갔어요. 샤워를 하고 수영복으로 갈아 입고, 머리를 6. 빗다 후에 모자를 썼어요. 멋있게 준비 운동을 한 후에 물 속으로 뛰어 들어갔어요. 그런데 아무리 팔다리를 7. 젓다 앞으로 나아가지 않아서 주위에 있던 사람들이 모두 8. 웃다.

1. 짓다 ⇨ 지은　　2. 낫다 ⇨ ________
3. 긋다 ⇨ ________　　4. 잇다 ⇨ ________
5. 씻다 ⇨ ________　　6. 빗다 ⇨ ________
7. 젓다 ⇨ ________　　8. 웃다 ⇨ ________

## 9 명사 (으)로 인해(서)

다음의 〈보기〉들은 어떤 일의 원인입니다. '-(으)로 인해서/인한' 을 사용하여 문장을 완성하십시오.

| 보기 | 기름값 인상 | 독감 | 바이러스 | 스트레스 | 졸음 | 증가 |
|---|---|---|---|---|---|---|

1. 독감으로 인해서 병원을 찾는 환자들이 많이 증가했다고 합니다.
2. 봄이면 ______ 교통사고가 많이 생깁니다.
3. 현대인들의 질병 중에는 ______ 것이 많습니다.
4. ______ 전국적으로 수십만 대의 컴퓨터가 피해를 입었다.
5. 최근 ______ 자가용을 이용하는 사람의 숫자가 줄었다고 합니다.
6. 외모에 대한 관심의 ______ 성형 수술을 하는 사람이 늘고 있습니다.

## 10 시간 만에

어떤 일이 일어난 후, 다시 그 일이 일어나기까지의 기간을 이야기하려고 합니다. '만에' 를 사용하여 문장을 바꾸십시오.

1. 2년 동안 고향에 못 갔는데 올해 갔어요.
   ⇨ 2년 만에 고향에 갔어요.
2. 5년 동안 크리스마스에 눈이 안 왔는데, 올해 왔어요.
   ⇨ ______
3. 5년 동안 그 친구와 연락이 안 됐어요.
   ⇨ ______
4. 몇 시간 동안 물이 안 나왔는데, 지금 나오네요.
   ⇨ ______
5. 10년 동안 일기를 안 썼어요.
   ⇨ ______
6. 3일 동안 학교에 결석했는데, 오늘 왔어요.
   ⇨ ______

## 듣고 말하기

민정이와 나오코가 날씨에 대해 이야기하고 있습니다. 잘 듣고 질문에 답하십시오.

1. 잘 듣고 빈칸에 쓰십시오.

   1) 일주일째 계속 내리던 비가 오늘은 ______________?

   2) 집이 떠내려갈 정도로 비가 많이 왔으니까 정말 ______________.

2. 잘 듣고 질문에 답하십시오.

   1) 이번 비는 몇 년 만에 많이 내렸습니까?

   ______________________________

   2) 들은 내용과 다른 것을 고르십시오.

   □ 전국적으로 피해가 컸다.
   □ 일주일 내내 비가 내렸다.
   □ 오후에도 비가 계속 올 것이다.
   □ 전세계적으로 이상기후 때문에 문제이다.

3. 다음 대화 상황 중에서 하나를 골라, 아래의 문법을 참고하여 대화를 만들어 보십시오.

■ 상황 ① 바람이 불고 추워서 친구와의 약속을 취소하려고 한다.
■ 상황 ② 친구와 날씨에 따라서 어떤 음식이 먹고 싶은지 이야기한다.

| -던 | -다고 하다 | -(으)ㄹ 정도로 | -(으)로 인해(서)/인한 | -만에 |
|---|---|---|---|---|

가 :

나 :

가 :

나 :

가 :

나 :

가 :

나 :

가 :

나 :

**대 화**

민　정 : 일주일째 계속 내리던 비가 오늘은 그칠 것 같지요?
나오코 : 네, 오늘 아침에 일기예보를 들었는데 오후부터 갠다고 하더라고요.
민　정 : 지난 주 내내 지겨울 정도로 비가 많이 내렸잖아요.
나오코 : 저도 뉴스에서 들었는데, 이번 비로 인한 피해가 아주 컸대요.
민　정 : 그래요. 집이 떠내려갈 정도로 비가 많이 왔으니까 정말 피해가 컸을 거예요.
나오코 : 이렇게 비가 많이 내린 건 십 년 만에 처음이라고 들었어요. 요즘은 정말 날씨가 이상한 것 같아요.
민　정 : 그러게요. 요즘은 전세계적으로 이상기후 때문에 문제예요.

## 읽기 I

● 다음 밑줄 친 말을 참고하여 빈칸을 채우십시오.

1. 인터넷 카페는 인터넷을 통해 쉽게 가입하거나 ______ 할 수 있습니다.
2. 개인적인 문제로 인해 신청을 ______하고 싶습니다.
3. 올 상반기에는 손실이 컸지만 하반기에는 ______이 커서 전체적으로는 이익이었습니다.
4. 절망적인 생각을 버리고 ______을 가지십시오.

● 다음 글을 잘 읽고 질문에 답하십시오.

### 날씨와 마케팅

몇 해 전 한 통신 회사가 특별한 마케팅으로 관심을 끌었다. 이 회사는 7, 8월 두 달 동안 텔레비전과 신문( ㉠ ) 재미있는 광고를 했다. [가]

*크리스마스에 눈이 오면, 행사 기간 동안 새로 가입한 고객들에게 20만원을 되돌려 드리겠습니다.*
*지금 가입하세요!*

- *행사 기간 : 2003년 8월 20일 ~ 10월 20일*
- *대　　상 : 행사 기간 동안 새로 가입한 모든 고객*

광고 효과는 생각보다 컸다. 광고를 보고 많은 사람들이 가입 신청을 했기 때문이다. 그런데 그 해 크리스마스에는 결국 눈이 오지 않았다. 눈이 내리기만을 가다리던 고객들은 실망했지만, 회사는 그 광고 덕분에 예년보다 큰 이익을 얻을 수 있었다. [나]

날씨를 알면 돈을 번다는 말이 있다. 그만큼 날씨가 상품 판매량에 영향을 미친다는 뜻이다. [다] 그래서 날씨 변화에 맞춰 고객의 마음을 움직일 수 있는 것들을 준비하면 상품 판매를 늘릴 수 있다. [라] 한 가지 예로, 눈이 오는 날 영화 '러브 스토리'의 음악을 튼 어떤 편의점은 다른 날보다 커피를 두 배 이상 팔았다고 한다.

1. ㉠에 알맞은 말은 무엇입니까?

□ 에 대해　□ 에 따라　□ 으로 인해　□ 을 통해

2. 통신 회사가 광고한 내용은 무엇입니까?

__________ 는 내용이었다.

3. 윗글에서 통신 회사가 큰 이익을 얻을 수 있었던 이유가 아닌 것은 무엇입니까?

□ 마케팅이 성공해서　□ 크리스마스에 눈이 오지 않아서
□ 고객들이 실망해서　□ 많은 사람들이 가입해서

4. 다음 문장이 들어갈 위치로 알맞은 곳은 어디입니까?

날씨를 이용한 마케팅이 크게 성공한 것이다.

□ 가　□ 나　□ 다　□ 라

5. 날씨가 판매량에 크게 영향을 미치는 상품에는 어떤 것이 있습니까?

| 상품명 | 이 유 |
|---|---|
| 맥주 | |
| | |
| | |

## 읽 기 II

다음에 제시한 말이 어떤 감각을 나타내는지 알아봅시다.

| | | |
|---|---|---|
| 가렵다 | ⇨ | |
| 간지럽다 | ⇨ | |
| 저리다 | ⇨ | |
| 따갑다 | ⇨ | |
| 쑤시다 | ⇨ | |
| 쓰리다 | ⇨ | |

다음 글을 잘 읽고 질문에 답하십시오.

### 오늘 내가 감기에 걸릴 가능성은?

㉠날씨 산업이 인기이다. 날씨는 일상생활뿐만 아니라 특별한 계획을 세울 때도 유용하기 때문이다. 또 건강을 지키고, 사고를 예방하는 데 도움이 된다. 계절이 바뀌는 ㉡환절기에는 날씨에 신경을 써야 건강을 유지할 수 있는데 이는 하루에도 몇 번씩 기온이 ㉢달라지기 때문이다. 봄에서 여름으로 바뀔 때는 쌀쌀한 아침과 달리 오후에는 제법 햇살이 따갑고, 해가 저물면 다시 기온이 ㉣떨어진다. 또 여름에는 ㉤무더위와 ㉥열대야가 사람들의 생활양식을 바꾼다. 이때 사람들은 휴가를 떠나거나 심야 할인매장, 심야 영화관, 심야 헬스클럽, 인터넷 게임방 등을 찾는다. 특히 여름에는 장마와 태풍에 대한 정보가 피해를 줄이고 사고를 예방하는 데 도움이 된다.

㉦이와 함께 요즘에는 날씨 정보를 서비스하는 회사가 늘어나고, 날씨에 관련된 보험 상품도 생겼다. 날씨 정보 회사는 결혼식이나 운동회 같은 행사 예정일의 날씨 정보를 제

공하며, 보험 회사는 날씨 정보가 틀리면 보험금을 지급해 준다. 인터넷에서도 날씨 정보의 인기는 나날이 ⓞ높아지고 있다. 당일 날씨를 보기 위해 매일 사이트를 방문하는 네티즌은 셀 수 없을 정도라고 한다. 또 단순한 날씨 정보에서부터 불쾌지수를 비롯한 빨래지수, 감기지수, 나들이지수와 같은 생활지수, 날씨 관련 상식, 날씨에 어울리는 옷차림까지 사람들이 찾는 정보도 ㉧다양해지고 있다.

1. ㉠의 이유를 윗글에서 찾아 모두 고르십시오

☐ 날씨가 사람들의 생활양식을 바꾼다. ☐ 특별한 계획을 세울 때 유용하다.
☐ 건강을 지키는 데 도움이 된다. ☐ 사고를 예방하는 데 도움이 된다.

2. ㉡의 이유를 윗글에서 찾아 쓰십시오.

3. 다음을 알맞게 연결하십시오.

| | |
|---|---|
| 무더위 · | · 계절이 바뀌는 때 |
| 열대야 · | · 습도가 높은 더위 |
| 환절기 · | · 기온이 내려가지 않는 더운 밤 |

4. ㉥과 관계없는 장소는 어디입니까?

☐ 심야 할인매장 ☐ 심야 영화관
☐ 야간 스키장 ☐ 인터넷 게임방

5. ㉦과 바꿔 쓸 수 있는 말은 무엇입니까?

☐ 환절기, 여름과 함께
☐ 날씨에 대한 관심의 증가와 함께
☐ 도로 상황에까지 영향을 미치는 것과 함께
☐ 일기 예보, 방송이나 신문의 날씨란과 함께

6. ㉢, ㉣, ㉧, ㉨ 중에서 <u>잘못</u> 연결된 것은 무엇입니까?

□ ㉢ 달라지다 – 다르다
□ ㉣ 떨어지다 – 떨다
□ ㉧ 높아지다 – 높다
□ ㉨ 다양해지다 – 다양하다

7. 다음 〈보기〉에 있는 말과 가장 관계가 깊은 말을 고르십시오.

| 보기 | 감기지수 | 나들이지수 | 불쾌지수 | 빨래지수 |
|---|---|---|---|---|

□ 날씨 정보
□ 생활지수
□ 날씨 관련 상식
□ 어울리는 옷차림

8. 윗글의 내용과 <u>다른 것</u>을 고르십시오.

□ 요즘에는 날씨에 관련된 보험 상품도 있다.
□ 사람들이 날씨에 가장 관심을 가지는 때는 환절기이다.
□ 매일 인터넷에서 날씨 정보를 확인하는 사람들이 매우 많다.
□ 여름에는 무더위와 열대야뿐 아니라 장마와 태풍에 대한 정보도 필요하다.

## 어 휘 II

1. 〈보기〉에서 알맞은 말을 골라 찾아 문장을 완성하십시오.

| 보기 | 통제하다 | 안내하다 | 지연되다 | 틀다 | 가입하다 |
|---|---|---|---|---|---|

1) 음악을 ______ 아/어 놓고 청소를 했어요.
2) 저는 학교 야구 동아리에 ______ 았/었어요.
3) 친구는 저에게 서울 시내를 ______ 아/어 주었어요.
4) 공사 중이라서 출입을 ______ 고 있습니다.
5) 아직 오지 않은 사람이 있어서 출발 시간이 ______ 고 있어요.

2. ( ) 에서 알맞은 말을 고르십시오.

1) 설탕을 조금 넣은 후에 잘 ( 저으세요 / 지으세요 ).
2) 어제 저녁에 라면을 먹고 자서 얼굴이 ( 불었어요 / 부었어요 ).
3) 밖이 너무 ( 떠들어서 / 시끄러워서 ) 공부를 할 수 없어요.
4) 아침에는 비가 내렸는데 지금은 ( 끝났어요 / 그쳤어요 ).
5) 눈이 많이 내려서 사람들이 큰 불편을 ( 얻었어요 / 겪었어요 ).

3. 다음은 한국의 계절에 관한 글입니다. 〈보기〉에서 알맞은 말을 골라 글을 완성하십시오.

| 보기 | 건조하다 | 쾌적하다 | 들다 | 피서를 떠나다 | 피해를 입다 |
|---|---|---|---|---|---|

봄에는 따뜻하지만 1) ______ 아/어서 산불이 많이 나고, 대륙으로부터 황사가 불어온다. 여름에는 장마철이 있어서 비가 많이 온다. 가끔 홍수가 나서 2) ______ 기도 한다. 장마가 끝나면 무더위가 시작된다. 사람들은 더위를 피해서 3) ______ (ㄴ/는)다. 가을의 날씨는 아주 4) ______ (ㄴ/는)다. 그리고 단풍이 5) ______ 아/어서 아주 아름답다. 겨울에는 춥고 눈이 온다. 서울에는 눈이 별로 오지 않지만 강원도 지역에는 눈이 많이 내린다.

## 쓰 기 I

여러분 나라의 계절을 설명하는 데 도움이 되는 말을 〈보기〉에서 고르고 그 뜻을 찾아 쓰십시오.

| 보기 | | | | | | | | |
|---|---|---|---|---|---|---|---|---|
| 건조 | 꽃 | 황사 | 장마 | 피서 | 태풍 | 독감 | 스키 | 우기 |
| 건기 | 고온다습 | 백야 | 무더위 | 강추위 | 열대 | 온대 | 폭설 | 수영 |

1. ______________________
2. ______________________
3. ______________________
4. ______________________
5. ______________________

다음 질문에 답하십시오.

1. 여러분 나라에는 어떤 계절이 있습니까?

______________________

2. 각 계절은 언제부터 언제까지입니까?

______________________

______________________

3. 각 계절의 특징을 쓰십시오.

______________________

______________________

______________________

______________________

______________________

______________________

______________________

여러분 나라의 계절을 설명하는 글을 원고지에 쓰십시오.

반__________ 이름____________________

## 쓰 기 II

"내가 좋아하는 계절"이라는 제목으로 글을 쓰려고 합니다. 다음의 순서에 따라 글을 완성하십시오.

1. 여러분이 좋아하는 계절과 관련된 사진이나 자료를 붙이고 질문에 답하십시오.

1) 여러분은 어느 계절을 좋아합니까? ____________________

2) 그 계절을 생각하면 떠오르는 것은 무엇입니까? ____________________

3) 그 계절에 하면 좋은 활동은 무엇입니까? ____________________

2. 다음 중 여러분이 좋아하는 계절을 소개하는 데 필요한 단어를 다섯 개 고르거나 생각나는 단어를 쓰십시오.

| 봄 | 여름 | 가을 | 겨울 | 꽃 |
|---|---|---|---|---|
| 비 | 휴가 | 단풍 | 스키 | 따뜻하다 |
| 덥다 | 시원하다 | 춥다 | 건조하다 | 쾌적하다 |

3. 위에서 고른 단어로 문장을 만드십시오.

1) ____________________

2) ____________________

3) ______________________________

4) ______________________________

5) ______________________________

4. 다음 질문에 답하십시오.

1) 언제부터 그 계절을 좋아했습니까? ______________________________

2) 이유는 무엇입니까? ______________________________

3) 그 계절이 다시 오면 꼭 하고 싶은 일은 무엇입니까? ______________________________

5. 1번부터 4번까지의 내용을 가지고 한 편의 글을 완성해 봅시다.

## 형성 평가

시간 50분 점수 /100

※ 각 문제는 3점씩입니다. 단, 16번부터 25번 문제는 각 4점씩입니다.

【1~4】 잘 듣고 쓰십시오.

1. 
2. 
3. 
4. 

【5~6】 잘 듣고 빈칸에 쓰십시오.

5. 그렇게 ________ 안개가 꽤 심한가 봐.

6. 식사부터 하는 게 어때? ________ 아무 것도 못 먹었거든.

【7~8】 대화를 잘 듣고 질문에 답하십시오.

7. 민정은 무엇 때문에 나오코가 감기에 걸렸다고 생각했습니까?

① 따뜻한 날씨 때문에
② 건조한 날씨 때문에
③ 달라진 목소리 때문에
④ 낮은 아침 기온 때문에

8. 민정의 이야기 중에서 감기에 좋은 것은 무엇입니까?

① 따뜻한 물 ② 시원한 음료수 ③ 젖은 빨래 ④ 찬 물

【9~10】 대화를 잘 듣고 질문에 답하십시오.

9. 오늘 날씨는 어떻습니까?

10. 요즘 날씨가 이상한 이유는 무엇입니까?

【11~15】 다음 〈보기〉에서 알맞은 말을 골라 문장을 완성하십시오.

| 보기 | 안개 | 소나기 | 환절기 | 일교차 | 강우량 |
|---|---|---|---|---|---|

11. 요즘과 같은 ________ 에는 감기에 걸리기 쉽습니다.
12. 갑자기 내린 ________ 때문에 옷이 다 젖었어요.
13. 짙은 ________ 때문에 10m 앞도 보기가 어려워요.
14. 요즘에는 ________ 이/가 심하니까 감기에 조심하세요.
15. 봄과 가을에는 비가 별로 안 와서 ________ 이/가 적어요.

16. 다음 중 맞는 문장을 고르십시오.

① 아버지께서 오늘 좀 늦다고 하셨어요.
② 선풍기 바람이 건강에 좋지 않는다고 합니다.
③ 취미가 스트레스를 푸는 데 도움이 된답니다.
④ 백화점에서도 일주일이 지나면 환불이 되지 않다고 해요.

17. 다음 중 틀린 문장을 고르십시오.

① 여기 있던 책 혹시 보셨어요?
② 봤던 영화는 다 보고 나갑시다.
③ 전화를 받던 친구가 갑자기 뛰어 나갔어요.
④ 6시까지 오겠다고 했던 사람이 9시에 왔어요.

18. 다음 밑줄 친 부분과 의미가 비슷한 것을 고르십시오.

1시간 만에 문제를 다 풀었어요.

① 1시간이 걸려서 ② 1시간이 안 걸려서
③ 1시간이 지나서 ④ 1시간이 안 지나서

19. 다음 밑줄 친 부분과 바꿀 수 없는 것을 고르십시오.

폭우로 인해 전국적으로 피해가 늘고 있습니다.

① 폭우 때문에 ② 폭우가 내려서
③ 폭우가 내리느라고 ④ 폭우가 내리는 바람에

【20~22】 다음 〈보기〉에서 알맞은 말을 골라 문장을 연결하십시오.

| 보기 | -던 | -(으)ㄴ/는 걸 보니까 | -(으)ㄹ 정도로 |
|---|---|---|---|

20. 계속 학교에 못 ________(오다) 집에 무슨 일이 있나 봐요.
21. 저 사람은 매일 등산을 ________(다니다) 산을 좋아해요.
22. 어제 저녁에 집에 ________(오다) 사람은 누구예요?

【23~25】 다음 대화의 밑줄 친 문장에서 틀린 부분을 찾아 알맞게 고치십시오.

23. 가 : 엄마, 형 갔어요?
    나 : 방에 없니? 말도 안 하고 갔는 걸 보니까 급한 일이 있었나 보다.
    ________ ⇨ ________

24. 가 : 몸은 좀 괜찮아요?
    나 : 걱정해 주신 덕분에 다 낫았어요.
    ________ ⇨ ________

25. 가 : 뭐라고 하셨죠?
    나 : 집에 언제 갈 거라고 물었어요.
    ________ ⇨ ________

【26~27】 다음 글을 잘 읽고 질문에 답하십시오.

> 한국에서는 두 가지 달력이 함께 사용되는데, 양력과 음력이 그것이다. 양력은 지구가 태양 주위를 한 바퀴 도는 데 걸리는 시간을 1년으로 한다. 음력은 달을 기준으로 만들어져 보름달이 뜨는 날은 언제나 15일이 된다. 하지만 음력은 약 3년마다 1년이 13달이 되어, 계절의 변화와 잘 맞지 않는 것이 단점이다.

26. 이 글은 무엇에 대해 이야기하고 있습니까?

① 태양과 달
② 양력과 음력
③ 계절의 변화
④ 보름달이 뜨는 날

27. 다음 중 음력의 단점은 무엇입니까?

① 태양을 기준으로 만들어졌다.
② 계절의 변화와 잘 맞지 않는다.
③ 한국에서는 양력과 함께 사용된다.
④ 보름달이 뜨는 날은 언제나 15일이다.

【28~30】 다음 글을 잘 읽고 질문에 답하십시오.

이십 년 만에 큰 눈이 내렸다. 휴일인 7일 남부 · 제주지방을 제외하고 전국적으로 대설주의보가 내렸다. 이날 아침 대전은 사상 최고인 25.2cm의 적설량을 기록했다. 서울도 15cm를 넘어 1981년 12월(18.3cm) 이후 가장 많은 눈이 내렸다.

㉠이날 눈으로 여러 곳에서 도로가 통제되거나 교통이 정체되고 각종 교통사고가 일어났다. 또 항공기와 선박 운행이 중지되어 시민들이 큰 ( ㉡ ). 이번 눈은 8일 아침까지도 계속될 예정이어서 출근길 혼란이 예상된다.

28. ㉠이 가리키는 것은 무엇입니까?

① 이십 년
② 휴일인 7일
③ 1981년 12월
④ 8일 아침

29. ㉡에 알맞은 말은 무엇입니까?

① 불편을 겪었다
② 추위가 심했다.
③ 라디오를 틀었다
④ 사고를 피했다

30. 윗글의 내용과 같은 것을 고르십시오.

① 눈으로 인해 교통이 정체되었고 교통사고도 일어났다.
② 7일 서울의 출근길 혼란은 15cm가 넘는 눈 때문이었다.
③ 휴일에는 남부 · 제주지방 등 전국적으로 큰 눈이 내렸다.
④ 지난 이십 년 동안 매년 이번만큼 큰 눈이 내렸다고 한다.

## 관련 어휘

### 기후와 일기예보에 관련된 어휘 · 표현

- 안개가 짙게 끼다
- 안개로 인해 도착이 지연되다
- 바람이 심하게 불다
- 일교차가 크다 / 심하다
- 환절기
- 전국적으로 비가 내리다
- 소나기가 내리다
- 예상 강우량
- 기온이 떨어지다 / 낮아지다
- 기온이 올라가다 / 높아지다
- 영동 지방 / 남부 지방 / 중부 지방
- 강원도 / 경상도 / 전라도 / 경기도 / 충청도
- 나들이지수 / 빨래지수 / 난방지수 / 운동지수
- 가늘다 / 굵다

### 폭설과 계절에 관련된 어휘 · 표현

- 대설주의보가 내리다
- –cm/m의 적설량을 기록하다
- 도로를 통제하거나 교통이 정체되다
- 항공기와 선박 운행이 중지되다
- 불편을 겪다
- 출근길 혼란이 예상되다
- 건조해서 산불이 잘 나다
- 대륙에서 황사가 불어오다
- 무더위가 찾아오다
- 무더위를 피하다
- 산과 바다로 피서를 떠나다
- 피해를 입다
- 독서의 계절
- 날씨가 쾌적하다
- 추위가 심하다
- 독감에 걸리다

## 어 휘 I

1. 다음은 위치를 가리키는 말입니다. 여러분 나라가 한국을 중심으로 어디에 있는지 알아보고 빈칸에 알맞은 말을 쓰십시오.

1) 일본은 한국의 ________ 쪽에 있습니다.

2) 중국은 한국의 ________ 쪽에 있습니다.

3) 베트남은 한국의 ________ 쪽에 있습니다.

4) 호주는 한국의 ________ 쪽에 있습니다.

5) 캐나다는 한국의 ________ 쪽에 있습니다.

6) 러시아는 한국의 ________ 쪽에 있습니다.

2. 다음에 제시한 말은 여행의 종류입니다. 어떤 여행을 말하는 것인지 알아봅시다.

| 기준 | 여행의 종류 |
|---|---|
| 교통편 | 도보 여행 / 기차 여행 / 자전거 여행 |
| 여행지 | 국내 여행 / 해외여행 / 우주여행 / 세계 일주 |
| 동행 | 가족 여행 / 단체 여행 |
| 여행비 | 무전여행 / 배낭여행 / 패키지여행 |
| 여행목적 | 수학여행 / 졸업 여행 / 신혼여행 |

1) 돈이 없이 여행을 하는 것을 가리키는 말입니다.

2) 여러 사람이 함께 같은 장소로 여행을 가는 것입니다.

3) 돈을 절약하기 위하여 배낭 하나만을 메고 여행을 하는 것입니다.

4) 아무것도 타지 않고 걸어서 하는 여행을 가리키는 말입니다.

5) 학생들이 직접적인 경험을 할 수 있게 며칠 동안 현장을 다니는 것입니다.

6) 자기 나라를 떠나서 다른 나라로 여행을 가는 것입니다.

- 도보 여행
- 해외여행
- 단체 여행
- 무전여행
- 배낭여행
- 수학여행

## 문 법

### 1 동사 다니요?

상대방이 잘못 알고 있거나 잘 몰라서 그 생각에 동의할 수 없습니다. '-다니요?'를 사용하여 대답하고, 사실을 알려 주십시오.

1. 가 : 집에서 책 안 읽지요? (일주일, 두 권)
   나 : 집에서 책을 안 읽다니요 (읽는다니요?) 일주일에 두 권이나 읽는데요.
2. 가 : 제가 소개해 준 사람 안 만나지요? (벌써, 세 번)
   나 :
3. 가 : 어제도 운동 안 했지요? (두 시간)
   나 :
4. 가 : 키가 참 크시네요. (160cm)
   나 :
5. 가 : 내일이 생일이죠? (한 달, 지나다)
   나 :
6. 가 : 보내 준 꽃 잘 받았어요. 고마워요. (안 보내다)
   나 :

### 2 동사 (으)ㄹ 만하다

어떤 것을 하는 것이 괜찮거나 가치가 있다고 생각합니다. '-(으)ㄹ 만하다'를 사용해서 대답하십시오.

1. 가 : 세탁기를 하나 사려는데, 어느 회사 제품이 좋아요? (ㅇㅇ회사 제품, 쓰다)
   나 : ㅇㅇ회사 제품이 쓸 만해요.
2. 가 : 서울 생활 어때요? (서울, 지내다)
   나 :
3. 가 : 여행을 가려는데, 어디 좋은 데 없을까요? (설악산, 가 보다)
   나 :

4. 가 : 책을 좀 읽어 보려는데 재미있는 책 좀 없을까요?(한국 책, 읽다)
   나 :

5. 가 : 근처에 맛있는 식당 없어요?(학생식당 음식, 먹다)
   나 :

6. 가 : 우리 반에서 누가 입이 무거워요? (나오코 씨, 믿다)
   나 :

## 3 동사 더라고요

다음은 나오코 씨가 보거나 듣거나 느낀 것입니다. '-더라고요'를 사용하여 민정 씨에게 이야기하는 문장을 만드십시오.

1. 빌리 씨가 승진 시험 준비를 하다
   ⇨ 민정 씨, 빌리 씨가 승진 시험 준비를 하더라고요.
2. 교수님께서 강릉으로 출장을 가시다
   ⇨ 민정 씨,
3. 여의도 공원에 사람이 많다
   ⇨ 민정 씨,
4. 뮤지컬이 생각보다 재미있다
   ⇨ 민정 씨,
5. 올해는 휴일이 많다
   ⇨ 민정 씨,
6. 빌리 씨가 초등학교 때 아이스하키 선수였다
   ⇨ 민정 씨,

## 4 동사 (으)ㄴ/는 데다가

1. 다음에 대해 좋은 점 또는 나쁜 점을 두 가지씩 생각하고, '-(으)ㄴ/는 데다가'를 사용하여 문장을 만드십시오.

1) 여름 : (온도가 높다 / 습도가 높다)
   ⇨ 여름은 온도가 높은 데다가 습도도 높습니다.

2) 대도시 : (　　　　/　　　　)

⇨

3) 담배 : (　　　　/　　　　)

⇨

4) 할인매장 : (　　　　/　　　　)

⇨

5) 지하철 : (　　　　/　　　　)

⇨

6) 기숙사 : (　　　　/　　　　)

⇨

2. 밑줄 친 일이 생긴 알맞은 이유 두 가지를 생각하고, '-(으)ㄴ/는 데다가'를 사용하여 문장을 완성하십시오.

1) (갖고 싶은 물건이 있다 / 용돈이 부족하다) 아르바이트를 하고 있어요.

⇨ 갖고 싶은 물건이 있는 데다가 용돈도 부족해서 아르바이트를 하고 있어요.

2) (　　　　/　　　　) 늦었어요.

⇨

3) (　　　　/　　　　) 병원에 가다.

⇨

4) (　　　　/　　　　) 김치찌개를 잘 못 먹어요.

⇨

## 5 동사 아/어 가지고

1. 다음 행동의 결과로 어떤 일을 할 계획인지 생각해 보십시오. 그리고 '-아/어 가지고'를 사용하여 문장을 완성하십시오.

1) 자동차를 사다 (여행을 다니다)

⇨ 자동차를 사 가지고 여행을 다닐 거예요.

2) 한국어 공부를 하다 ( )

⇨

3) 돈을 모으다 ( )

⇨

4) 커피를 뽑다 ( )

⇨

2. 다음의 이유 때문에 어떤 일이 일어났습니다. 어떤 일이 일어났는지를 쓰고 '-아/어 가지고'를 사용하여 두 문장을 연결하십시오.

1) 가방이 작다 (필요한 물건을 다 넣지 못하다)

⇨ 가방이 작아 가지고 필요한 물건을 다 넣지 못해요.

2) 날씨가 덥다 ( )

⇨

3) 부모님께서 오시다 ( )

⇨

4) 너무 심심하다 ( )

⇨

## 6 명사 에 따라(서)

〈보기〉에서 알맞은 말을 골라 '-에 따라(서)'를 사용하여 문장을 완성하십시오.

| 보기 | 가정 환경 | 직업 | 적성 | 체질 |
|---|---|---|---|---|

1. 체질에 따라서 음식을 먹는 것이 좋아요.
2. ______ 사람의 성격이 바뀐다.
3. ______ 하는 일이 달라요.
4. ______ 직업을 선택해야 해요.

## 7 동사 (으)므로

공식적인 상황이나 글 속에서 이유를 나타내는 표현입니다. '-(으)므로'를 사용하여 두 문장을 연결하십시오.

1. 공연이 곧 시작되다 / 손님 여러분께서는 자리에 앉아 주시기 바랍니다
   ⇨ 공연이 곧 시작되므로 손님 여러분께서는 자리에 앉아 주시기 바랍니다.
2. 눈이 내려 위험하다 / 출입을 통제합니다
   ⇨
3. 이곳은 미성년자 출입 금지 지역이다 / 신분증을 제시해야 합니다
   ⇨
4. 이 컴퓨터는 공동의 재산이다 / 소중히 사용합시다
   ⇨

## 8 명사 껏

〈보기〉에서 알맞은 말을 골라 문장을 완성하십시오.

| 보기 | 기껏 | 마음껏 | 요령껏 | 양심껏 |
|---|---|---|---|---|

1. 시험만 끝나면 마음껏 놀 수 있어요.
2. 무인 판매대에서는 ______ 물건값을 내야 합니다.
3. 특별히 좋은 방법은 없으니까 ______ 준비해 오세요.
4. ______ 자료를 준비했는데 회의가 취소됐어요.

## 듣고 말하기

빌리가 여행을 다녀온 후에 나오코와 이야기하고 있습니다. 잘 듣고 질문에 답하십시오.

1. 잘 듣고 빈칸에 쓰십시오.

   1) 주말에는 교통도 복잡한 데다가 차비도 더 비싼데 ________________ 없잖아.

   2) 응, 좋은 추억이 된 것 같아. 다음에는 ________________.

2. 잘 듣고 질문에 답하십시오.

   1) 빌리는 언제 여행을 다녀왔습니까?

   ________________________________

   2) 들은 내용과 <u>다른 것</u>을 고르십시오.

   □ 해운대에는 사람이 많았다.
   □ 주말에는 교통이 복잡하다.
   □ 빌리는 해운대에서 회를 먹었다.
   □ 빌리는 부산에 도착하자마자 해운대에 갔다.

3. 다음 대화 상황 중에서 하나를 골라, 아래의 문법을 참고하여 대화를 만들어 보십시오.

■ 상황 ① 한국에서 여행한 곳에 대해 이야기한다

■ 상황 ② 여행을 갈 때 준비해야 할 것들에 대해 이야기한다.

| -다니(요)? | -(으)ㄴ/는 데다가 | -(으)ㄹ 만하다 | -더라고(요) | -아/어 가지고 |
|---|---|---|---|---|

가 :

나 :

가 :

나 :

가 :

나 :

가 :

나 :

가 :

나 :

**대 화**

나오코 : 빌리, 여행은 잘 다녀왔어?

빌　리 : 응, 방학이라서 여행 온 사람들이 정말 많더라.

나오코 : 주말에 갔다 왔지?

빌　리 : 주말이라니? 주말에는 교통도 복잡한 데다가 차비도 더 비싼데 굳이 주말에 갈 이유는 없잖아.

나오코 : 언제 어디로 갔었어?

빌　리 : 지난 주 목요일에 1박 2일로 부산에 갔다 왔어.

나오코 : 부산? 재미있었겠다. 어디가 좋았어?

빌　리 : 나는 해운대랑 태종대가 제일 볼 만하더라고. 부산에 도착하자마자 해운대에 가서 바다를 구경했어. 사람이 많기는 했지만 바다는 아름답더라. 그리고 다음날은 태종대에 갔었어. 태종대에서는 회를 먹었는데 주인 아주머니께서 많이 주셔 가지고 실컷 먹었어.

나오코 : 좋았겠다.

빌　리 : 응, 좋은 추억이 된 것 같아. 다음에는 너도 같이 가자.

## 읽기 I

다음 빈칸에 알맞은 말을 〈보기〉에서 골라 쓰십시오.

| 보기 | 낯익다 | 낯이 두껍다 | 낯을 들다 | 낯설다 | 낯이 뜨겁다 |
|---|---|---|---|---|---|

1. 길거리에서 애정 표현을 하는 사람들을 보면 정말 ________.
2. 그는 마치 옛날부터 알던 사람처럼 ________ 얼굴이다.
3. 교실에 너무 늦게 들어가서 ________ 수가 없었다.
4. 그렇게 나쁜 짓을 하고 다시 나타난 걸 보니까 정말 ________ 사람인가 봐요.
5. 어렸을 때 한 집에 살았던 사촌인데 오랜만에 보니까 정말 ________.

다음 글을 잘 읽고 질문에 답하십시오.

### 여행의 의미

여행이란 일이나 유람을 목적으로 다른 지방이나 외국에 가는 것을 말한다. ( ㉠ ) 흔히 직장 일 때문에 다른 곳에 가는 것은 '출장'이라고 하고, 여행은 '관람, 유람' 등과 비슷한 의미로 사용한다. 실제 우리는 일이 있을 때보다는 변화가 필요할 때, 휴식이 필요할 때, 다른 지역에 대해 알고 싶거나 그 지역에 사는 사람을 만나고 싶을 때 떠나는 것을 여행이라고 부른다.

집을 떠나 낯선 사람들과 함께 지내는 것은 쉽지 않은 일이다. ( ㉡ ) 여행자는 ㉢이로 인해서 오히려 자유로운 기분과 색다른 즐거움을 느끼게 된다. 그럼, 여행을 통해 자유와 기쁨을 얻을 수 있는 이유는 무엇일까? '만남'이 있기 때문이다. 여행을 떠나기 전부터 우리가 즐거운 이유는 이러한 만남에 대한 기대 때문이며, 여행의 의미 역시 누구와 만나는지 어떤 일을 경험하는지에 따라서 달라지기 마련이니까.

관광 : 다른 지역이나 다른 나라에 가서 그곳의 경치, 문화, 생활 등을 구경함.
유람 : 돌아다니며 구경함.

1. 다음은 여행의 의미를 쓴 것입니다. 가장 거리가 먼 것을 고르십시오.

- □ 일 때문에 집을 떠나 다른 곳에 가는 것
- □ 휴식이 필요해서 다른 곳으로 떠나는 것
- □ 유람을 목적으로 다른 지방이나 외국에 가는 것
- □ 다른 지역이나 외국에 가서 돌아다니며 구경하는 것

2. ㉠과 ㉡에 공통으로 들어갈 말을 〈보기〉에서 골라 쓰십시오.

| 보기 | 그래서 | 그러나 | 그리고 | 그러니까 | 그러므로 |
|---|---|---|---|---|---|

3. ㉢이 가리키는 말을 윗글에서 찾아 쓰십시오.

4. 우리가 여행을 통해 자유와 기쁨을 얻는 이유는 무엇 때문입니까?

□ 관광　　□ 만남　　□ 유람　　□ 출장

5. 여러분은 언제 여행을 떠나고 싶습니까? 우리 반 친구들에게 물어 봅시다.

| 이름 | 여행을 떠나는 동기 |
|---|---|
| 빌리 | 휴식이 필요해서 |
| | |
| | |
| | |

6. 여행을 하면서 자유와 기쁨을 얻은 적이 있습니까? 그렇다면 그 이유가 무엇인지 써 봅시다.

| 여행지 | 여행이 즐거웠던 이유 |
|---|---|
| | |
| | |
| | |
| | |

## 읽 기 II

다음 빈칸에 공통으로 들어갈 말을 쓰십시오.

하늘에 구름이 많이 (　　　) 걸 보니까 비가 올 것 같다.
그녀는 싸움을 할 때 언제나 팔짱을 (　　　).
옷을 자주 세탁하지 않으면 때가 (　　　) 더럽다.
제주도에 가면 해변을 (　　　) 도로를 따라가는 것이 제일 좋다.
요즘은 남자도 반지를 많이 (　　　).

⇩

동사 : 

다음 글을 잘 읽고 질문에 답하십시오.

### 프랑스의 주말 연휴 시대

프랑스 사람들은 여행을 하면서 주말을 보내고 싶어한다. 프랑스인은 평균 1년에 7번 정도 주말에 여행을 즐긴다고 한다. 그러나 해외여행을 하는 사람은 그리 많지 않다. 대도시 사람들은 가까운 공원으로 나들이를 가거나 도시 근교에 있는 관광지를 많이 찾는다.

프랑스는 1936년부터 주당 근무 시간이 40시간으로 줄었다. 이와 함께 주말 연휴 기간을 보내는 직장인들의 생활양식도 많이 달라졌다. 일례로 철도를 이용한 주말 이동이 급증해서, 국영 철도 회사를 세웠다는 기록이 있다. 주말 연휴 시대 이후 관광 · 레저 산업과 음식업이 크게 성장한 프랑스에서 요즘 가장 인기 있는 달은 5월이다. 공휴일이 가장 많은 5월에는 주말을 낀 징검다리 연휴를 즐길 수 있기 때문이다.

### 일본의 주말 연휴 시대

일본에 주5일 근무 제도가 도입된 것은 1988년이다. 일주일에 44~46시간에서 40시간으로 근무 시간을 줄인 이 제도는 80년대 초부터 시작되어 90년대 중반까지 천천히 진행되었다. 처음에 일본에서는 근무 시간을 줄이면 산업 경쟁력이 나빠진다는 반대 의견이 강했다. 그러나 이러한 반대 의견은 90년대 이후 불황이 계속되면서 사라졌다. 주5일제 도입에 의한 일본의 주말 연휴 시대의 효과는 컸다. 1990년 당시 테마 파크 산업은 13%, 렌터카 산업은 20%, 게임 산업은 28%나 성장했다. 한편 여행 산업도 11% 성장했다. 해외여행이 급증한 데다가 각 지방을 관광지로 개발하면서 일본 국내 여행객이 증가했기 때문이다.

## 한국의 주말 연휴 시대

지난 2003년 8월에 국회에서 주5일제 법안이 통과되었다. 그리하여 본격적인 한국의 주말 연휴 시대가 시작되었다. 그러나 이미 은행은 지난 2002년부터 토요일 휴무에 들어갔고, 토요일 격주 휴무를 실시하는 회사도 늘고 있다.

한국의 직장인들은 주말 연휴를 어떻게 보낼까? 한 신문의 조사에 따르면 30% 정도가 외국어 공부나 자격증 준비 등 자기 계발을 위해 시간을 쓰겠다고 답했다. 수영이나 헬스와 같은 운동 시간 또는 인라인 스케이트 같은 레포츠 활동 시간을 늘리겠다는 사람, 근거리 주말 여행을 다녀오겠다는 사람도 각각 27%, 23% 정도 되었다. 반면 소수 의견으로 아르바이트를 하거나 푹 쉬겠다는 의견도 있었다.

1. 주말 연휴 시대가 가장 빠른 순서대로 나열한 것은 무엇입니까?

□ 일본-프랑스-한국　　□ 일본-한국-프랑스
□ 프랑스-일본-한국　　□ 한국-프랑스-일본

2. 프랑스인들의 주말 풍속도로 <u>잘못된 것</u>은 무엇입니까?

□ 주말에 여행을 하고 싶어한다.
□ 주말에 해외여행을 자주 한다.
□ 도시 근교에 있는 관광지에 많이 간다.
□ 도시 사람들은 가까운 공원을 자주 찾는다.

3. 프랑스에서 주말 연휴 시대가 시작된 후, 달라진 점이 아닌 것은 무엇입니까?

□ 철도 이용객이 급증했다.
□ 새로운 철도 회사가 생겼다.
□ 관광산업이 크게 성장했다.
□ 공휴일이 늘어났다.

4. 일본에서 주말 연휴 시대를 맞이하여 가장 많이 성장한 산업은 무엇입니까?

□ 테마 파크 산업
□ 렌터가 산업
□ 게임 산업
□ 여행 산업

5. 한국의 주5일 근무제에 대한 설명으로 맞는 것을 고르십시오.

□ 2003년에 주5일제 법안이 통과되었다.
□ 은행과 학교부터 주5일제가 시작되었다.
□ 은행은 2002년부터 격주 휴무를 실시했다.
□ 처음에는 이 제도에 대해 부정적인 생각을 가진 사람이 많았다.

6. 다음은 한국의 직장인들이 주말에 하고 싶은 것입니다. 가장 하고 싶어 하는 일을 순서대로 빈 칸에 알맞게 쓰십시오.

| | | | | |
|---|---|---|---|---|
| | > | 레포츠 활동 | > | |

## 어 휘 II

1. 〈보기〉에서 알맞은 말을 골라 문장을 완성하십시오.

| 보기 | 부담스럽다 | 부족하다 | 드물다 | 낯설다 | 딱딱하다 |
|---|---|---|---|---|---|

1) 처음 보는 사람이지만 전혀 ________지 않아요.
2) 나오코 씨는 시간을 잘 지켜요. 약속 시간에 늦는 일이 아주 ________아/어요.
3) 음식이 많으니까 ________(으)면 말씀만 하세요. 더 드릴게요.
4) 아무 일도 안 하고 돈을 받는 것은 좀 ________아/어요.
5) 치과에서는 ________(으)ㄴ 음식을 먹지 말라고 합니다.

2. (　　　　)에서 알맞은 말을 고르십시오.

1) 다음 주에 ( 2박 3일 / 2인 3식 )(으)로 제주도 여행을 떠나요.
2) 돈을 ( 환율 / 환전 )할 때는 여권이 필요해요.
3) 여행자 수표를 살 때는 꼭 ( 발행 / 발생 ) 번호를 적어 두세요.
4) 저는 어디에서나 볼 수 있는 ( 독특한 / 평범한 ) 것은 별로 좋아하지 않아요.
5) 오랫동안 함께 공부했던 친구가 떠나게 돼서 너무 ( 신기해요 / 아쉬워요 ).

3. 다음은 여행에 관한 글입니다. 〈보기〉에서 알맞은 말을 골라 글을 완성하십시오.

| 보기 | 불리다 | 바라보다 | 예약하다 | 이국적이다 | 대비하다 |
|---|---|---|---|---|---|

저는 여행을 떠나기 한달 전에 미리 비행기 표를 1)________아/어 두었어요. 그리고 도난이나 분실에 2)________아/어서 여행자 수표를 구입했어요.

바람, 여자, 돌이 많아서 '삼다도' 라고도 3)________는 제주도에 처음 갔을 때 한국이 아닌 다른 나라에 온 것 같은 4)________(으)ㄴ 느낌이 들었어요. 우리는 숙소를 정하고 한라산에 올라갔는데 한라산 위에서 5)________는 제주도는 정말 아름다웠어요.

## 쓰 기 Ⅰ

다음은 한국을 소개하는 글입니다. 다음 글을 참고하여 여러분 나라에 대한 자료를 검색한 후 여러분 나라를 소개하는 글을 써 봅시다.

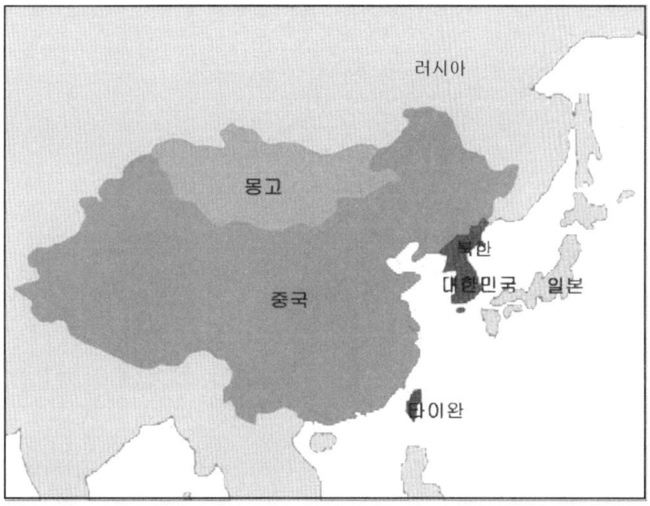


【지리】 대한민국은 아시아 동북부 한반도에 위치해 있습니다. 동, 서, 남 삼면이 바다이고, 작은 섬 3200여 개로 되어 있으며 북으로는 중국 대륙 및 러시아의 연해주와 접하고, 남으로는 일본과 마주보고 있습니다. 남북간 거리가 약 840 ㎞, 동서간 거리 1200 ㎞이며, 전국토의 75% 가량이 산지로 되어 있습니다. 한반도에서 가장 높은 산은 백두산(白頭山, 2744m)이며, 남한지역에서는 한라산(漢拏山, 1950m)이 제일 높습니다. 대부분의 하천은 동쪽에서 서쪽으로 흐르는데, 백두산 꼭대기에서 시작되는 압록강과 두만강은 중국 대륙 및 러시아와 접경을 이루고 있습니다.

【기후】 기후는 대륙성 기후와 해양성 기후의 중간형으로 4계절의 변화가 뚜렷합니다. 전반적으로 겨울과 여름의 기온차가 큰 편이지만, 남부 해안지역은 해양성 기후의 영향을 받습니다. 여름은 30℃ 이상의 높은 기온이 계속되며 습도가 매우 높은 편입니다. 연평균 강우량은 1260㎜로서 6~9월 초에 절반 이상의 비가 내립니다. 겨울에는 대륙에서 불어오는 바람으로 인해 전체적으로 춥고 싸늘하며 대체로 건조한 편입니다.

【문화】 한국어가 공용어이며, 일찍부터 농경을 주업으로 삼아 그에 관련된 농경문화를 하나의 생활문화로서 정착시켜 왔습니다. 또한 농경생활에서 비롯된 세시풍속이 다양해서 명절에는 각종 의례와 놀이, 조상을 모시는 차례가 행해져 오고 있습니다. 이외에 가족행사로는 돌 · 결혼식 · 환갑 등을 축하하는 풍습이 있습니다. 종교는 불교, 개신교, 카톨릭교 등이 있으며 95년 한국의 인구주택총조사(통계청 자료)에 따르면 불교인구가 1032만 1000명(23.2%), 개신교 876만명(19.7%), 가톨릭교 295만 1000명(6.6%), 유교 21만 1000명(0.5%) 등이며, 종교가 없는 경우도 2195만 3000명(49.3%)으로 나타났습니다.

의 지리

의 기후

의 문화

## 쓰 기 II

"잊을 수 없는 여행"이라는 제목으로 글을 쓰려고 합니다. 다음의 순서에 따라 글을 완성하십시오.

1. 여행과 관련된 사진이나 자료를 붙이고 질문에 답하십시오.

1) 여러분은 여행을 좋아합니까? ______________________

2) 지금까지의 여행 중에서 잊을 수 없는 여행은 언제였습니까? ______________________

3) 여행에서 가장 중요한 것은 무엇이라고 생각합니까? ______________________

2. 다음 중 여러분의 잊을 수 없는 여행을 소개하는 데 필요한 단어를 다섯 개 고르거나 생각나는 단어를 쓰십시오.

| | | | | |
|---|---|---|---|---|
| 기차 | 버스 | 비행기 | 가족 | 여자(남자)친구 |
| 친구 | 해외 | 무전 | 배낭 | 음식 |
| 숙소 | 힘들었다 | 즐거웠다 | 아팠다 | |

3. 위에서 고른 단어로 문장을 만드십시오.

1) ______________________

2) ______________________

3) ______________________________

4) ______________________________

5) ______________________________

4. 다음 질문에 답하십시오.

1) 어디로 갔습니까? ______________________

2) 누구와 함께 갔습니까? ______________________

3) 잊을 수 없는 여행이 된 이유는 무엇입니까? ______________________

4) 다시 그 여행을 떠난다면 어떻게 준비하고 싶습니까? ______________________

5. 1번부터 4번까지의 내용을 가지고 한 편의 글을 완성해 봅시다.

## 형성 평가

시간 50분 점수 /100

※ 각 문제는 3점씩입니다. 단, 16번부터 25번 문제는 각 4점씩입니다.

【1~4】 잘 듣고 쓰십시오.

1. ______ 2. ______

3. ______ 4. ______

【5~6】 잘 듣고 빈칸에 쓰십시오.

5. 나오코 씨도 알겠지만 제주도는 ______ 곳이에요.

6. 백화점 경품 행사에 ______ 제주도 왕복 항공권을 받게 됐어요.

【7~8】 대화를 잘 듣고 질문에 답하십시오.

7. 나오코가 예약한 비행기표의 내용을 쓰십시오.

| 출발 일자와 시간 | |
|---|---|
| 도착 일자와 시간 | |

8. 들은 내용과 같은 것을 고르십시오.

① 나오코는 다음 주 일요일에 한국에 온다.
② 나오코는 다음 주 일요일에 일본에 간다.
③ 나오코가 예매하려는 비행기표는 매진이다.
④ 나오코는 다음 주 목요일 오후 3시발 비행기를 예약했다.

【9~10】 잘 듣고 질문에 답하십시오.

9. 여행을 가려고 합니다. 여행 가방에 넣지 않아도 되는 것은 무엇입니까?

① 여행자 수표 ② 코트
③ 우산 ④ 선글라스

10. 들은 내용과 다른 것을 고르십시오.

① 환전은 필요한 만큼만 달러로 바꾼다.
② 여행자 수표는 은행에서 구입할 수 있다.
③ 옷차림은 목적지의 기후에 따라 준비한다.
④ 여행자 수표에는 발행 목적을 메모해 둔다.

【11~15】 다음 <보기>에서 알맞은 말을 골라 문장을 완성하십시오.

| 보기 | 숙박 | 요금 | 추억 | 체험 | 경치 |
|---|---|---|---|---|---|

11. 한국의 문화를 직접 ________ 해 볼 수 있는 곳에 가고 싶어요.
12. 호텔이 너무 비싸서 다른 ________ 시설을 찾아보기로 했어요.
13. 저는 어렸을 때의 즐거웠던 ________ 을/를 잊을 수가 없어요.
14. 단풍이 든 설악산의 ________ 은/는 정말 아름다워요.
15. 기름값이 올라서 항공 ________ 도 많이 올랐어요.

【16~18】 다음 <보기>에서 알맞은 말을 골라 문장을 연결하십시오.

| 보기 | -(으)ㄴ/는 데다가 | -아/어 가지고 | -(으)므로 |
|---|---|---|---|

16. 그 사람은 잘 ________ (웃다) 성격이 좋아서 사람들하고 쉽게 친해져요.
17. 감기에 걸렸다고 해서 약을 ________ (사다) 들어갔어요.
18. 사고 위험이 높은 ________ (지역이다) 속도를 줄이시기 바랍니다.

【19~20】 다음 <보기>에서 알맞은 말을 골라 문장을 연결하십시오.

| 보기 | -에 따라서 | -껏 |
|---|---|---|

19. 이번 행사 기간 동안 구매액 ________ 선물을 드립니다.
20. 차린 건 없지만 마음 ________ 드세요.

**【21~23】 다음 〈보기〉에서 알맞은 말을 골라 대화를 완성하십시오.**

| 보기 | -다니요? | -(으)ㄹ 만하다 | -더라고요 |
|---|---|---|---|

21. 가 : 제주도가 서울하고는 많이 다르죠?
    나 : 맞아요. 서울에서는 못 보던 게 ________.

22. 가 : 죄송하지만, 내일까지는 완성하기가 어렵겠습니다.
    나 : 내일까지 ________. 약속을 하셨잖습니까?

23. 가 : 한자가 많아서 읽기가 힘들죠?
    나 : 전에 한자를 배운 적이 있어서 ________.

**【24~25】 다음 대화의 밑줄 친 문장에서 틀린 부분을 찾아 알맞게 고치십시오.**

24. 가 : 출장 보고서는 내일까지 제출하기 바랍니다.
    나 : <u>내일까지 제출한다니요?</u> 오늘 돌아왔는데 어떻게 내일까지 보고서를 씁니까?
    ________ ⇨ ________

25. 가 : 약속 장소는 잘 찾았어요?
    나 : <u>정확한 위치를 모른 데다가 처음 가는 곳이어서 고생했어요.</u>
    ________ ⇨ ________

**【26~27】 다음 글을 잘 읽고 질문에 답하십시오.**

가 한국어가 공용어이며, 서울말을 표준어로 사용한다. 지역( ㉠ ) 차이가 있지만 제주도 지역의 말 외에는 일상적인 회화가 모두 가능하다.

나 상품 교환 가치의 기준이 되며, 상품을 교환할 때 사용한다. 한국은 '원'을 기본 단위로 하여, 10원, 50원, 100원, 500원짜리 동전(주화)과 1000원, 5000원, 10,000원짜리 지폐를 사용한다.

다 대체적으로 온화하며, 국토가 작은 데 비해 동서남북( ㉡ ) 다양하게 나타난다. 계절에 따른 차이도 분명해서 4계절의 구분이 뚜렷하다.

26. 가, 나, 다가 무엇을 소개하고 있는지 〈보기〉에서 골라 쓰십시오.

| 보기 | 기후 | 문화 | 수도 | 언어 | 여행 |
|---|---|---|---|---|---|
| | 음식 | 지리 | 평균 기온 | 표준 시간 | 화폐 |

가 ________ 나 ________ 다 ________

27. ㉠과 ㉡에 알맞은 말은 무엇입니까?

① 을 통해서　　② 에 따라
③ 으로 인해서　　④ 에 비해서

【28~30】 다음 글을 잘 읽고 질문에 답하십시오.

제주도는 한국에서 가장 큰 섬으로 바람, 여자, 돌이 많다고 해서 '삼다도'라고 불리기도 한다. 제주도는 독특한 전통 문화와 이국적인 경치를 함께 느낄 수 있어서, 신혼 부부들이 많이 찾는 곳이다.

특히 백록담과 성산 일출봉은 ㉠가 볼 만한 곳으로 손꼽힌다. 백록담은 한라산의 정상에 있는 호수이다. 화산의 분화구에 물이 고여 만들어진 백록담은, 그 규모는 크지 않지만 주변의 경치와 잘 어울려 아름답다. 해돋이로 유명한 곳은 성산 일출봉이다. 일출봉의 삼면은 바닷물에 수직으로 깎여 절벽을 이루고 있다. ㉡여기서 바라보는 해돋이의 장관은 평생 잊을 수 없는 추억이 될 것이다.

28. ㉠ 과 바꿔 쓸 수 있는 것은 무엇입니까?

① 가 볼 만하다　　② 그 수가 적다
③ 사람이 많다　　④ 높은 곳에 있다

29. ㉡은 어디입니까?

① 제주도　　② 한라산 정상
③ 백록담　　④ 성산 일출봉

30. 윗글의 내용과 같은 것을 고르십시오.

① 해돋이의 장관은 여행 후에도 잊지 말아야 한다.
② 한라산 정상에 있는 백록담은 화산의 분화구였다.
③ 한국에서 가장 큰 섬으로 제주도와 삼다도가 있다.
④ 바람, 여자, 돌이 많아서 신혼 부부들이 많이 온다.

## 관련 어휘

### 여행에 관련된 어휘 · 표현

- 여행 계획을 세우다
- 해외여행을 떠나다
- 기후 / 평균 기온 / 표준시간 / 화폐 / 수도
- 환전을 하다
- 여행자 수표를 구입하다
- 도난에 / 분실에 대비하다
- 세면도구와 비상약을 준비하다
- –발 –행 비행기
- 비행기 좌석을 예약하다
- –박 –일로 여행을 가다
- –인실을 사용하다
- 차량 / 숙박 / 식사 / 입장료
- 여행자 보험 / 왕복 교통비
- 조식 / 중식 / 석식
- 마중 / 배웅
- 신세를 지다

### 제주도와 민속 박물관에 관련된 어휘 · 표현

- 독특한 전통 문화
- 이국적인 경치
- 신혼 부부 / 신혼여행
- 아름다운 곳으로 손꼽히다
- 해돋이를 구경하다
- 관광객들에게 인기가 있다
- 박물관을 둘러보다
- 물건을 전시하다
- 화려하다
- 평범하다
- 한국적 아름다움
- 자연의 아름다움을 느끼다
- 딱딱한 직선 / 부드러운 곡선
- 둥근 소매 / 둥근 지붕 / 둥근 기둥

## 어 휘 I

1. 다음에 제시한 것은 컴퓨터와 관계있는 말입니다. 어떤 뜻인지 알아보고 빈칸에 알맞은 말을 쓰십시오.

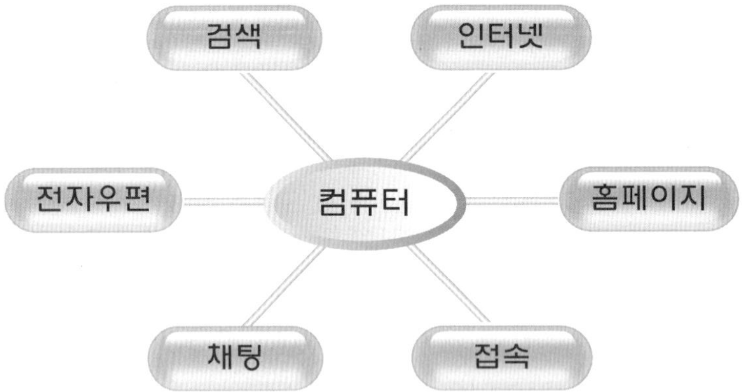


1) 요즘은 자기만의 ( ) 를 만드는 것이 유행입니다. ( ) 에는 자기 자신을 소개하는 글이나 여러 가지 사진을 올려 사람들에게 자신의 정보를 공개합니다.

2) ( ) 에서 자기가 원하는 정보나 그 정보가 들어 있는 사이트를 찾는 것을 ( ) 이라고 합니다.

3) 컴퓨터를 통하여 다른 장소에 있는 사람과 글로 이야기를 나누는 것을 ( ) 이라고 합니다. 두 사람이 대화하는 경우도 있고, 여러 사람이 함께 대화하는 경우도 있습니다.

4) 컴퓨터가 나오기 전에는 멀리 있는 친구에게 편지를 편지지에 써서 부쳤습니다. 그러나 요즘에는 ( ) 을 통해서 친구에게 소식을 전합니다.

2. 다음에 제시한 것은 과정이나 변화를 가리키는 것입니다. 어떤 과정이나 변화를 나타내는 말인지 알아보고 알맞게 연결하십시오.

| | | | | |
|---|---|---|---|---|
| 정보 | | | | 정보화 |
| 대중 | | | | 대중화 |
| 국제 | | | | 국제화 |
| 사회 | + | 화(化) | ⇨ | 사회화 |
| 서구 | | | | 서구화 |
| 도시 | | | | 도시화 |

1) 요즘 한국 사람들은 옛날보다 빵이나 고기를 자주 먹습니다.

2) 다른 사람들과 함께 살아가는 데 필요한 행동 방식이나 감정 표현을 배웁니다.

3) 현대 사회에서는 다양한 정보를 주고받는 일이 아주 중요하게 되었습니다.

4) 교통과 대중 매체의 발달로 모든 지역이 도시처럼 바뀌었습니다.

5) 예전에는 소수의 사람들이 하던 일을 요즘은 다수의 사람들이 즐겨 합니다.

6) 세계 여러 나라의 문화를 알고 이해하게 됩니다.

- 정보화
- 세계화
- 대중화
- 사회화
- 서구화
- 도시화

## 문 법

### 1 동작동사 (으)라고 하다

1. '-(으)라고 하다'를 사용하여 문장을 바꾸십시오.

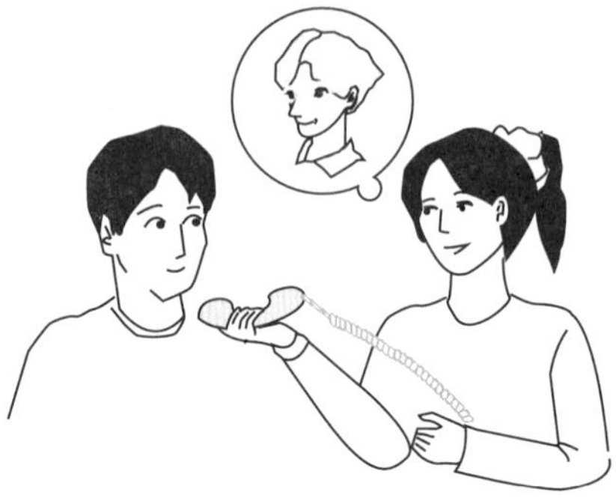

1) 나오코 : 빌리 씨에게 전화를 거세요.
⇨ 나오코 씨가 빌리 씨에게 전화를 걸라고 합니다.

2) 비서 : 여기서 기다리세요.
⇨

3) 영철 : 월요일까지 저한테 회비를 주세요.
⇨

4) 빌리 : 이 책을 민정 씨에게 내세요.
⇨

5) 선생님 : 이곳에서 떠들지 마세요.
⇨

6) 빌리 : 다른 친구들에게 약속 장소를 알려 주세요.
⇨

2. 다음 문장을 바꾸십시오.

1) 빌리: 반찬 좀 더 주세요.
⇨ 빌리 씨가 반찬 좀 더 달라고 해요.

2) 빌리: 천 원만 빌려 주세요.
⇨

3) 빌리: 다시 한번 말씀해 주세요.
⇨

4) 빌리: 우리 집에 다섯 시까지 와 주세요.
⇨

## 2 동작동사 자고 하다

1. 친구와 같이 하고 싶은 일을 쓰십시오.

1) 빌　리 : 주말에 같이 여행을 갑시다.

2) 나오코 :

3) 영　철 :

4) 민　정 :

2. 1번 문제에서 쓴 내용을 '-자고 하다'를 사용하여 바꾸십시오.

1) 빌리 씨가 주말에 같이 여행을 가자고 해요 (가재요).

2)

3)

4)

## 3 동사 (으)ㄹ 텐데

'-(으)ㄹ 텐데'를 사용하여 문장을 완성하십시오.

1. 매일 운동을 하면 건강해질 텐데.
2. 한국어를 잘하면
3. 십 분만 일찍 도착했으면
4. 키가 10cm만 더 컸으면
5. 자동차가 있었으면
6. 조금만 병을 빨리 발견했으면

## 4 동작동사 는 대로

● 〈보기〉에서 알맞은 말을 골라 '-는 대로'를 사용하여 문장을 완성하십시오.

(보기) 비가 그치다 사장님이 오시다 일이 끝나다 메시지를 확인하다

1. 메시지를 확인하는 대로 전화 좀 주세요.
2. ________ 출발합시다.
3. ________ 회의를 시작하겠습니다.
4. ________ 보고하세요.

## 5 동사 기만 하면 (되다)

● '-기만 하면 되다'를 사용하여 문장을 완성하십시오.

1. 가 : 어떻게 하면 감기가 빨리 나을까요?
   나 : 과일을 많이 먹고 충분히 쉬기만 하면 돼요.
2. 가 : 어떻게 하면 한국어를 잘 할 수 있을까요?
   나 : ________
3. 가 : 어떻게 하면 자동차 사고가 나지 않을까요?
   나 : ________
4. 가 : 어떻게 하면 살이 빠질까요?
   나 : ________
5. 가 : 어떻게 하면 쓰레기를 줄일 수 있을까요?
   나 : ________
6. 가 : 어떻게 하면 재미있게 생활할 수 있을까요?
   나 : ________

## 6 명사 에 의해(서)

● 〈보기〉에서 알맞은 말을 골라 문장을 완성하십시오

| 보기 | 선거 | 시험 점수 | 적성 | 필요 |
|---|---|---|---|---|

**합격자 명단**

1. 98점 ○○○
2. 92점 ○○○
3. 89점 ○○○

⋮

1. 시험 점수에 의해서 합격자를 결정합니다.
2. __________ 아이의 미래가 결정됩니다.
3. __________ 대통령을 선출합니다.
4. __________ 언어를 배우면 빨리 늡니다.

## 7 피동

● 〈보기〉에서 알맞은 말을 골라 문장을 완성하십시오.

| 보기 | 보이다 | 열리다 | 들리다 | 떨리다 | 먹히다 | 켜지다 | 잡히다 | 풀리다 |
|---|---|---|---|---|---|---|---|---|
| | 뺏기다 | 깨지다 | 이루어지다 | 쌓이다 | 쫓기다 | 끊기다 | 써지다 | |

1. 날씨가 맑아서 아주 먼 곳도 잘 보여요.
2. 눈이 많이 와서 10센티미터나 __________.
3. 어제 밤에 비명 소리가 __________ 무서웠어요.
4. 면접 시간이 다가오니까 정말 __________.
5. 손을 대니까 문이 __________.
6. 어제 1년 전에 살인을 했던 범인이 __________.
7. 약한 동물은 항상 강한 동물에게 __________.
8. 어제 꿈을 꾸었는데, 무서운 사람에게 계속 __________.
9. 요즘은 일이 잘 __________.
10. 길을 가다가 깡패를 만나서 20,000원을 __________.
11. 지금 12시니까 지하철은 __________ 거예요.
12. 이 볼펜은 정말 잘 __________.
13. 우리집에서 제일 비싼 그릇인데 떨어져서 __________.
14. 건물 안으로 들어가니까 자동으로 불이 __________.
15. 자동차 사는 게 제 꿈이었는데 어제 자동차를 샀어요. 제 소원이 __________.

## 8 사동

〈보기〉에서 알맞은 말을 골라 문장을 완성하십시오.

| 보기 | 먹이다 | 맡기다 | 태우다 | 얼리다 | 깨우다 | 알리다 | 남기다 | 숨기다 |
|---|---|---|---|---|---|---|---|---|
| | 줄이다 | 속이다 | 채우다 | 붙이다 | 웃기다 | 앉히다 | | |

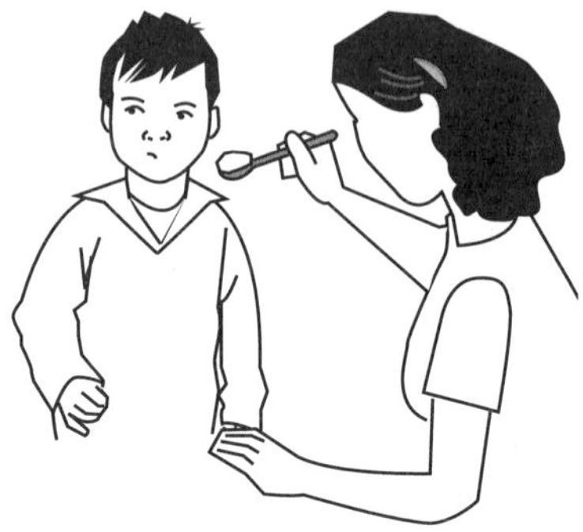

1. 아이가 밥을 안 먹으려고 해서 어머니가 아이에게 밥을 먹였어요.
2. 저는 약속 장소에 가기 싫어서 아프다고 친구를 ________.
3. 바지가 너무 길어서 길이를 ________.
4. 편지를 쓰고 봉투에 우표를 ________.
5. 영화를 보는데 자꾸 돌아다녀서 아이를 자리에 ________.
6. 얼음이 먹고 싶어서 물을 ________.
7. 좋은 소식이 있어서 친구에게 소식을 ________.
8. 너무 많아서 다 못 먹고 밥을 ________.
9. 저녁 약속이 있어서 아이를 이웃집에 ________
10. 친구가 갑자기 들어와서 읽던 편지를 ________.
11. 운전하는데 친구가 지나가서 친구를 ________.
12. 친구 술잔이 비어서 술을 가득 ________.
13. 늦잠을 자는 룸메이트를 ________.
14. 빌리는 재미있는 이야기를 해서 친구들을 ________.

## 듣고 말하기

민정과 나오코가 컴퓨터 사용에 대해 이야기하고 있습니다. 잘 듣고 질문에 답하십시오.

1. 잘 듣고 빈칸에 쓰십시오.

   1) 이메일이요? 아직 ________.

   2) 네, 내일 기사 아저씨가 ________ 준다고 했어요.

2. 잘 듣고 질문에 답하십시오.

   1) 나오코는 왜 이메일 확인을 할 수 없습니까?

   ________

   2) 들은 내용과 같은 것을 고르십시오.

   □ 나오코는 컴퓨터를 새로 살 것이다.
   □ 나오코는 오늘 이메일 확인을 할 수 없다.
   □ 나오코는 오늘 일본 친구와 PC방에서 만날 것이다.
   □ 나오코는 서비스 센터에 전화했는데 통화가 되지 않았다.

3. 다음 대화 상황 중에서 하나를 골라, 아래의 문법을 참고하여 대화를 만들어 보십시오.

■ 상황 ① 학교 도서관에서 책을 빌리려고 한다.
■ 상황 ② 컴퓨터가 고장이 나서 고치려고 한다.

| -(으)라고 하다 | -(으)ㄹ 텐데 | -는 대로 | -기만 하면 (되다) |
|---|---|---|---|

가 :

나 :

가 :

나 :

가 :

나 :

가 :

나 :

가 :

나 :

**대 화**

민　정 : 나오코 씨, 어제 제가 보낸 이메일 받았어요?
나오코 : 이메일이요? 아직 확인을 못 했어요. 요즘 집에서 인터넷 접속이 안 되거든요.
민　정 : 왜요? 통신 회사에 전화는 했어요?
나오코 : 네, 내일 기사 아저씨가 출근하는 대로 연락 준다고 했어요. 보고서 때문에 내일은 꼭 고쳐야 할 텐데, 걱정이에요.
민　정 : 컴퓨터에 다른 문제가 있는 건 아니죠?
나오코 : 네, 혹시 컴퓨터에 문제가 있을지 몰라서 서비스 센터에 연락을 했는데 컴퓨터에는 이상이 없대요. 인터넷이 되기만 하면 되는데.
민　정 : 그럼, 오늘은 이메일 확인이 어렵겠네요.
나오코 : 네, 이메일 확인도 못하는 데다가 오늘 일본에 있는 친구와 인터넷 대화방에서 만나기로 했는데 그것도 못하게 됐어요.
민　정 : 그래요? 그럼 고치는 대로 이메일 확인하고 저에게 연락주세요.

## 읽 기 I

● 알맞게 연결하십시오.

| | |
|---|---|
| 발전을 | 얻다 |
| 정보를 | 없애다 |
| 벽을 | 이끌다 |
| 현실로 | 이루어지다 |

● 다음 글을 잘 읽고 질문에 답하십시오.

### 정보화 사회

가 정보화 사회는 컴퓨터의 등장과 함께 시작되었다. 컴퓨터는 텔레비전, 라디오 등과 달리 그림, 음악, 문자, 영상 등 여러 형태의 정보를 한꺼번에 처리할 수 있다. ( ㉠ )인터넷, 온라인 서비스, 기업 네트워크 등의 발달은 시간과 장소의 벽을 없애고 있다. 우리는 이제 언제 어디서나 원하는 정보를 쉽게 얻을 수 있고, 먼 곳에 있는 사람과도 컴퓨터 ( ㉡ ) 회의나 채팅을 할 수 있다. 컴퓨터가 고도로 발달하면서 상상에서만 가능했던 일들이 현실로 이루어지고 있다.

나 하지만 정보화 사회에도 부정적인 면은 있다. 사생활 침해, 가족 간의 대화 단절, 사이버 범죄의 증가 등이 ㉢그것이다. 이러한 문제를 극복하려는 노력이 현재 계속되고 있으며, 이 결과 ( ㉣ ) 정보화 사회의 성공여부도 결정될 것이다.

다 정보화 사회는 정보의 역할이 중요시되는 사회를 말한다. 정보화 사회에서는 정보가 사회 전체의 발전을 이끄는 힘이 된다. ㉤그렇기 때문에 새롭고 다양한 정보를 얼마나 빨리 얻는가가 개인과 국가의 경쟁력을 결정한다. 컴퓨터에 의한 정보 혁명이 가속화된다면, 미래의 가정, 학교, 사회, 국가의 모습은 지금과 크게 달라질 것이다.

1. 윗글의 가, 나, 다의 내용을 다음 <보기>에서 찾아 쓰십시오.

보기
- 정보화 사회의 정의
- 정보화 사회의 등장
- 정보화 사회의 문제점

가 ________ 나 ________ 다 ________

2. [가], [나], [다]를 순서대로 바르게 연결한 것은 무엇입니까?

□ [가]-[나]-[다]　□ [나]-[가]-[다]　□ [다]-[나]-[가]　□ [다]-[가]-[나]

3. 다음 중 성격이 다른 하나를 고르십시오.

□ 채팅　□ 인터넷　□ 텔레비전　□ 온라인 서비스

4. ㉠에 사용할 수 없는 말은 무엇입니까?

□ 또한　□ 게다가　□ 그리고　□ 하지만

5. ㉡에 알맞은 말을 모두 고르십시오.

□ 로　□ 처럼　□ 를 통해　□ 에 따라

6. ㉢이 가리키는 말을 윗글에서 찾아 쓰십시오.

____________________

7. ㉣에 알맞은 말은 무엇입니까?

□ 로　□ 처럼　□ 를 통해　□ 에 따라

8. ㉤과 바꿔 쓸 수 있는 말을 윗글에서 찾아 쓰십시오.

____________________기 때문에

## 읽 기 II

● 알맞게 연결하십시오.

| | |
|---|---|
| 장사꾼 ● | ● 어떤 일이나 사건을 구경하는 사람을 말합니다. |
| 사냥꾼 ● | ● 물건 파는 일을 직업으로 하는 사람을 말합니다. |
| 구경꾼 ● | ● 재주가 뛰어난 사람이나 재주를 부리는 사람을 말합니다. |
| 재주꾼 ● | ● 사냥하는 사람이나 사냥을 전문적으로 하는 사람을 말합니다. |

● 다음 글을 잘 읽고 질문에 답하십시오.

### 인터넷 정보 사냥

인터넷을 검색할 때 문서나 영상, 음성 등의 정보를 얻기 위해 사용하는 네스케이프, 익스플로러 같은 프로그램을 '브라우저'(Browser)라 한다. 이 말은 '대충 보다', '골라서 읽다'란 뜻을 가진 영어단어 '브라우즈'(browse)에서 왔다.

인터넷에 있는 내용들은 처음부터 골라서 읽어야 하는 것이다. ( ㉠ ) 인터넷에 '거짓 정보'가 많은 것도 ㉡문제이다. 그래서 인터넷이 우리 사회를 잘못된 정보로 가득한 사회로 만들 것이라는 말도 있다. 이제 우리는 인터넷이라는 정보의 바다에서 쓰레기 같은 정보는 버리고, 필요한 정보만을 고를 수 있는 ㉢'정보 사냥꾼'이 되어야 한다. 누군가의 말( ㉣ ) 읽을 만한 가치가 있는 정보와 읽을 가치가 없는 정보를 구분하는 것이 ㉤정보화 시대를 살아가는 우리가 갖춰야 할 기술인 것이다.

시대가 바뀌면서 사람들에게 요구되는 능력도 달라졌다. 지난 시대에는 '정보 축적 능력'이 중요했지만 오늘날에는 효과적인 '정보 검색 능력'과 새로운 정보를 생산하는 능력이 힘이 된다.

1. 인터넷을 검색할 때 문서나 영상, 음성 등의 정보를 얻기 위해 사용하는 프로그램을 통칭하여 무엇이라고 하는지 윗글에서 찾으십시오.

☐ 네스케이프 ☐ 익스플로러 ☐ 브라우저 ☐ 브라우즈

2. ㉠에 알맞지 않은 말은 무엇입니까?

☐ 더구나 ☐ 게다가 ☐ 또한 ☐ 역시

3. ㉡은 무엇입니까?

□ 인터넷에 잘못된 정보가 많은 것
□ 인터넷에 수많은 정보들이 있는 것
□ 인터넷에 있는 정보를 골라야 한다는 것
□ 인터넷이 우리 사회를 잘못된 정보 사회로 만드는 것

4. ㉢은 어떤 사람입니까? 윗글에서 찾아 쓰십시오.

5. ㉣에 알맞은 말은 무엇입니까?

□ 껏 □ 만에 □ 만큼 □ 처럼

6. ㉤에서 말하는 '기술'은 어떤 기술을 이야기하는 것인지 윗글에서 찾아 쓰십시오.

## 어 휘 II

1. 〈보기〉에서 알맞은 말을 골라 문장을 완성하십시오.

| 보기 | 작성하다 | 극복하다 | 숨기다 | 비우다 | 등록하다 |
|---|---|---|---|---|---|

1) 부모님께 드릴 선물을 미리 사서 몰래 ______아/어 두었어요.
2) 아무리 바빠도 운동할 시간은 ______아/어 놓습니다.
3) 보고서를 내일 모레까지 ______아/어서 부장님께 드려야 해요.
4) 이번 달부터 영어를 공부하려고 영어 학원에 ______았/었어요.
5) 그 사람은 가난을 ______기 위해서 열심히 일했어요.

2. (　　　　)에서 알맞은 말을 고르십시오.

1) 이 일은 아주 급한 일이니까 ( 신속하게 / 자세하게 ) 끝내세요.
2) 별로 중요한 일이 아니면 아이를 먼저 ( 재워 놓고 / 채워 놓고 ) 이야기합시다.
3) 추운 날 머리를 ( 씻자마자 / 감자마자 ) 밖에 나가서 감기에 걸렸어요.
4) 저는 한국어 ( 전기 / 전자 )사전이 있었으면 좋겠어요.
5) ( 시청각실 / 강의실 )에 올라가서 비디오 자료를 좀 찾아보세요.

3. 다음은 도서관 이용에 관한 글입니다. 〈보기〉에서 알맞은 말을 골라 글을 완성하십시오.

| 보기 | 열람 | 반납 | 신청 | 대출 | 출판 |
|---|---|---|---|---|---|

학생들은 도서관에 가서 책을 1)______하기도 하지만 보통 책을 빌려가서 읽습니다. 책을 2)______할 때는 학생증이 필요합니다. 보통 일주일 동안 빌려 볼 수 있습니다. 가끔 다른 사람이 빌려가서 도서관에 책이 없기도 하는데 그럴 경우, 예약해 두면 책이 3)______되는 대로 빌려 볼 수 있습니다.

책이 4)______된 지 얼마 안 돼서 도서관에 없는 경우에는 도서관에 새 책 구입을 5)______합니다. 그러면 도서관에서 학생들에게 필요한 책인지를 확인하고 구입을 해 줍니다.

## 쓰 기 I

알맞은 말을 골라 다음 글을 완성하십시오

①광고란 ____________________. 과거의 광고는 주로 ②__________ 등 인쇄물에 많이 의존했으나 최근에는 ③__________ 등 음성 · 영상, 통신 매체를 통해 이루어진다. 광고는 사회적으로 보면 긍정적인 면과 부정적인 면을 모두 가지고 있다.

광고의 ④__________은 상품의 소비를 증가시킨다는 것이다. ⑤__________는 생산의 증가로 이어지고 이로 인해 경제가 활성화된다. 또한 소비자의 입장에서는 상품에 대한 ⑥__________를 얻을 수 있다는 점도 긍정적이라고 할 수 있다. 하지만 이러한 긍정적인 면과 다음과 같은 ⑦__________도 있다.

먼저 소비자로 하여금 계획되지 않은 쇼핑을 하게 함으로써 ⑧__________를 유발한다는 것이다. 또한 ⑨__________을 만들게 됨으로써 개성적인 인간이 아닌 획일화된 인물로 만들어 낸다. 하지만 가장 큰 문제점은 허위 · 과장 광고를 통해 상품에 관한 잘못된 정보를 주고 이로 인해 소비자가 피해를 입게 된다는 점이다. 이 외에도 상품의 내용과 관련 없는 내용의 광고로 인하여 잘못된 사회 풍조를 만들어 내는 것이 있다.

그러므로 ⑩__________에서 광고를 비판적으로 보고 상품을 올바르게 선택하는 것이 필요하다. 광고주도 광고를 할 때 위의 ⑪__________을 줄일 수 있도록 노력해야 할 것이다.

| | |
|---|---|
| 유행 | 충동구매 |
| 긍정적 기능 | 부정적인 기능 |
| 소비의 증가 | 부정적인 면 |
| 다양한 정보 | 신문, 광고지 |
| 소비자의 입장 | 라디오, 텔레비전, 인터넷 |

상품 판매를 목적으로 인쇄물이나 방송을 통해 정보를 전달하는 것이다.

## 쓰 기 II

"정보의 중요성"이라는 제목으로 글을 쓰려고 합니다. 다음의 순서에 따라 글을 완성하십시오.

1. 정보와 관련된 사진이나 자료를 붙이고 질문에 답하십시오.

1) 여러분에게 필요한 정보는 무엇입니까? ______________________

2) 정보를 어디에서 찾습니까? ______________________

3) 정보가 중요한 이유는 무엇입니까? ______________________

2. 다음 중 정보의 중요성을 설명하는 데 필요한 단어를 다섯 개 고르거나 생각나는 단어를 쓰십시오.

| 시간 | 현대 사회 | 인터넷 | 정보 검색 | 잡지 |
|---|---|---|---|---|
| 검색하다 | 찾다 | 퍼뜨리다 | 알리다 | 알게 되다 |

3. 위에서 고른 단어로 문장을 만드십시오.

1) ______________________

2) ______________________

3) ______________________________

4) ______________________________

5) ______________________________

4. 다음 질문에 답하십시오.

1) 정보가 중요하다고 느낀 적이 있습니까 ? ______________________

2) 정보를 쉽게 얻을 수 있는 방법은 무엇입니까? ______________________

3) 정보가 중요하다고 말할 수 있는 예는 무엇입니까? ______________________

4) 여러분만 가지고 있는 정보가 있다면 어떻게 하겠습니까? ______________________

5. 1번부터 4번까지의 내용을 가지고 한 편의 글을 완성해 봅시다.

## 형성 평가

시간 50분 점수 /100

※ 각 문제는 3점씩입니다. 단, 16번부터 25번 문제는 각 4점씩입니다.

### 【1~4】 잘 듣고 쓰십시오.

1. ______ 2. ______
3. ______ 4. ______

### 【5~6】 잘 듣고 빈칸에 쓰십시오.

5. 그러면 지하철을 이용하시는 게 ______.
6. 요즘은 대부분 이메일을 ______, 왜 편지지에다가 쓰셨어요?

### 【7~8】 대화를 잘 듣고 질문에 답하십시오.

7. 빌리가 이번 주까지 해야 하는 일은 무엇입니까?

______

8. 들은 내용과 다른 것을 고르십시오.

① 지사별로 팩스를 보냈다.
② 회신이 오는 대로 정리만 하면 된다.
③ 빌리는 작년에 보고한 자료를 참고할 것이다.
④ 빌리와 영철은 함께 보고서를 작성하고 있다.

### 【9~10】 잘 듣고 질문에 답하십시오.

9. 뉴스를 들을 수 있는 매체가 아닌 것을 고르십시오.

① 텔레비전 ② 신문 ③ 인터넷 ④ 라디오

10. 인터넷 이용자가 늘고 있는 이유는 무엇입니까?

______

【11~15】 다음 〈보기〉에서 알맞은 말을 골라 문장을 완성하십시오.

| 보기 | 검색하다 | 저장하다 | 채팅하다 | 인쇄하다 | 입력하다 |
|---|---|---|---|---|---|

11. 도서관에 가기 전에 미리 인터넷으로 원하는 도서가 있는지 ______(으)세요.
12. 받은 메일을 나중에도 읽을 수 있게 ______아/어 두세요.
13. 컴퓨터에 있는 문서를 2장씩 ______아/어 주세요.
14. 외국에 있는 친구하고 한국어로 ______아/어 본 적이 있어요?
15. 찾고 싶은 내용을 검색창에 ______면 바로 정보가 나와요.

16. 다음 중 틀린 문장을 고르십시오.

① 빌리 씨가 한국어를 좀 도와 주라고 했어요.
② 일기 예보에서 내일 날씨가 춥겠다고 합니다.
③ 나오코 씨가 학교 정문 앞에서 3시에 만나자고 했어요.
④ 부모님께서 회사가 가까우니까 차를 팔으라고 하세요.

【17~19】 다음 〈보기〉에서 알맞은 말을 골라 문장을 연결하십시오.

| 보기 | -(으)ㄹ 텐데 | -는 대로 | -기만 하면 (되다) |
|---|---|---|---|

17. 말은 ______(배우다) 자꾸 사용해야 빨리 늘어요.
18. 시간 되면 ______(들어오다) 뭘 그렇게 걱정하세요?
19. 여행 준비는 모두 끝났어요. 이제 ______(떠나다).

【20~23】 다음 〈보기〉에서 알맞은 말을 골라 문장을 완성하십시오.

| 보기 | 익히다 | 채우다 | 뽑히다 | 살리다 |
|---|---|---|---|---|

20. 제가 이번 체육대회에서 우리 반 달리기 대표로 ______.
21. 물에 빠진 시민을 ______ 경찰관이 물에 뛰어들었다는 뉴스 들었어요?
22. 여러분, 앞에 있는 빈 잔을 ______ 다같이 건배합시다.
23. 돼지고기는 완전히 ______ 먹는 게 건강에 좋아요.

【24~25】 다음 대화의 밑줄 친 문장에서 틀린 부분을 찾아 알맞게 고치십시오.

24. 가 : 아침에 빌리 씨한테서 전화 왔었죠? 무슨 일이 있대요?
나 : 아니요. 스승의 날에 선생님께 같이 간다고 했어요.

⇨

25. 가 : 정보화 사회의 부정적인 면은 없나요?
나 : 있습니다. 정보에 의해 사생활 침해, 사이버 범죄 등은 정보화 사회의 발달을 위해 해결해야 할 문제들입니다.

⇨

【26~28】 다음 글을 잘 읽고 질문에 답하십시오.

요즘은 거의 모든 도서관에서 소장 도서에 대한 정보를 전산화해 놓고 있다. 도서 검색용 컴퓨터에서 서명, 저자명, 키워드, 출판사 중 하나를 선택하여 검색어를 입력하면, 책이 있는 위치와 도서 상태를 알 수 있다. 도서 상태는 그 책이 현재 대출 중인지 아닌지를 말해주는 것으로, 대출 가능이라고 쓰여진 책은 ( ㉠ ). 대출 중인 책을 빨리 보고 싶은 경우, 예약을 해 두면 책이 반납되는 대로 빌려 볼 수도 있다.

26. 윗글은 무엇에 대해 이야기하고 있습니까?

① 컴퓨터로 도서 구입하기
② 대출 중인 책 빨리 빌리기
③ 도서관에서 필요한 책 찾기
④ 소장 도서 정보 전산화하기

27. ㉠에 알맞은 말을 쓰십시오.

28. 도서 검색용 컴퓨터에서 도서를 검색한 후 알 수 있는 정보는 무엇입니까?

① 대출 기간
② 검색어
③ 도서 상태
④ 검색 목적

【29~30】 다음 글을 잘 읽고 질문에 답하십시오.

'누워서 떡 먹기, 식은 죽 먹기, 땅 짚고 헤엄치기' 등은 너무나도 하기 쉬운 일을 가리킬 때 쓴다. 반대로 아주 어렵거나 거의 불가능한 일을 가리킬 때는 '하늘의 별 따기' 라고 한다.

'언 발에 오줌 누기' 는 어떤 문제가 생겼을 때 본질적인 해결책 대신 임시 방편으로 문제를 해결하려고 하는 것을 의미한다. 그리고 '누워서 침 뱉기' 는 스스로 자신의 명예를 떨어뜨리는 말이나 행동을 할 때 사용한다.

29. "한글을 읽을 줄 알아요?"하고 묻는다면 "그거야 ( )"라고 대답할 수 있다. ( )에 알맞지 않은 말은 무엇입니까?

① 누워서 떡 먹기지요 ② 하늘의 별 따기지요
③ 식은 죽 먹기지요 ④ 땅 짚고 헤엄치기지요

30. 자기 가족이나 친구에 대해 안좋은 이야기를 하는 사람에게 ( )라고 한다. ( )에 알맞은 말은 무엇입니까?

① 식은 죽 먹기 ② 언발에 오줌 누기
③ 하늘의 별 따기 ④ 누워서 침 뱉기

# 관련 어휘

## 정보와 정보화 사회에 관련된 어휘 · 표현

- 정보를 검색하다
- 인터넷이나 신문을 통해 정보를 얻다
- 뉴스를 전해 주다
- 소식을 전달하다
- 정보 매체
- 사생활 침해
- 가족 간의 대화 단절
- 사이버 범죄의 증가
- 시간과 장소의 벽을 없애다
- 언제 어디서나 원하는 정보를 얻다

## 도서관 이용에 관련된 어휘 · 표현

- 열람실 / 자료실 / 전산실 / 시청각실
- 도서를 소장하다
- 도서 정보를 전산화하다
- 서명 / 저자명 / 키워드 / 출판사
- 검색어를 입력하다
- 책을 빌리다
- 책을 대출하다 / 예약하다 / 반납하다
- 국회 도서관 / 국립중앙도서관
- 자료를 신청하다
- 우편으로 자료를 받다

## 어 휘 I

1. 다음에 제시한 말이 어떤 뜻을 가지고 있는지 알아보고 빈칸에 알맞은 말을 쓰십시오.

| | | | | |
|---|---|---|---|---|
| 불(不) | + | 가능 | ⇨ | 불가능 |
| | | 규칙 | | 불규칙 |
| | | 만족 | | 불만족 |
| | | 성실 | | 불성실 |
| | | 친절 | | 불친절 |
| | | 합격 | | 불합격 |

1) 요즘 빌리 씨는 회사 일이 많아서 자는 시간이 ______ 합니다. 그래서 아침마다 조금 피곤해 합니다.

2) 민정 씨는 피아노 경연대회에 참가하였습니다. 예선대회에서 합격을 해야 본선대회에 나갈 수 있는데 실수를 하는 바람에 ______ 했습니다.

3) 동대문 시장에 가면 가끔 ______ 한 가게 주인들이 있습니다. 하지만 외국인이 물건을 사러 가면 친절하게 안내를 해 줍니다.

4) 빌리 씨는 요즘 아주 ______ 한 사람이 되었습니다. 예전에는 한국어 공부도 열심히 하고 건강을 위한 운동이나 산책도 자주 했는데, 요즘에는 모든 일을 귀찮게 생각합니다.

2. 다음에 제시한 말이 어떤 뜻을 가지고 있는지 알아보고 빈칸에 알맞은 말을 쓰십시오.

| | | | | |
|---|---|---|---|---|
| 부(不) | + | 도덕 | ⇨ | 부도덕 |
| | | 동산 | | 부동산 |
| | | 자유 | | 부자유 |
| | | 재중 | | 부재중 |
| | | 정확 | | 부정확 |
| | | 조화 | | 부조화 |

1) 현대인에게 휴대 전화는 필수품이 되었습니다. 그리고 휴대 전화 기능도 다양해졌습니다. 바빠서 전화를 받지 못했을 때도 ________ 표시를 보고 상대방에게 전화를 걸 수 있습니다.

2) 서로 어울리지 않는 것을 ________ 라고 합니다. 한복을 입고 구두를 신는 것은 ________ 의 예입니다.

3) 사람들이 소유하는 재산의 종류는 크게 두 가지로 나눌 수 있습니다. 첫 번째는 돈이나 물건처럼 움직일 수 있는 동산이고, 두 번째는 집이나 땅과 같이 움직일 수 없는 ________ 입니다.

4) 외국어를 배울 때는 발음을 정확하게 해야 합니다. 발음이 ________ 하면 다른 사람들에게 제대로 의사를 전달할 수 없기 때문입니다. 그래서 어떤 사람들은 연필을 입에 물거나 거울을 보면서 정확한 발음을 연습하기도 합니다

## 문 법

### 1 동작동사 (으)ㄴ/는 김에

먼저 한 행동 때문에 그와 관계있는 일을 쉽게 할 수 있습니다. '-(으)ㄴ/는 김에'를 사용하여 다음 두 문장을 연결하십시오.

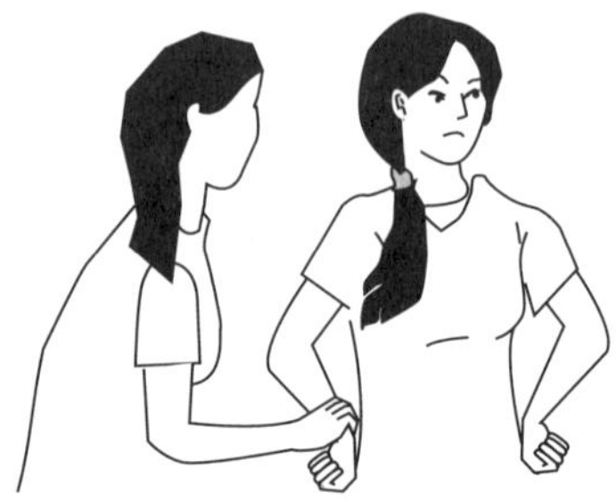

1. 참다 / 조금만 더 참다
   ⇨ 참은 김에 조금만 더 참으세요.
2. 깎아 주다 / 1,000원만 더 깎아 주다
   ⇨
3. 빌려 주다 / 하루만 더 빌려 주다
   ⇨
4. 백화점에 나오다 / 친구 생일 선물을 사다
   ⇨

### 2 동사 (ㄴ/는)다고들 하다

친구 5명에게 다음과 같이 질문을 하세요. 그리고 가장 많이 나온 대답을 '-(ㄴ/는)다고들 하다'를 사용하여 문장을 만드십시오.

| 1) 한국 생활은 어때요? | 2) 한국 사람은 어때요? | 3) 서울은 어때요? | 4) 선생님은 어때요? |
|---|---|---|---|
| 재미있어요. | | | |
| 힘들어요. | | | |
| 피곤해요. | | | |
| 재미있어요. | | | |
| 재미있어요. | | | |

1. (친구들은) 한국 생활이 재미있다고들 합니다.
2.
3.
4.

## 3 동사 더라도

어떤 상황에서라도 그것과 관계없이 해야 하는 일이 있습니다. '-더라도'를 사용하여 문장을 만드십시오.

1. 선생님께서 어려운 숙제를 내시면서 꼭 스스로 해 보라고 하십니다.
   ⇨ 숙제가 어렵더라도 꼭 스스로 해 보세요.
2. 바빠서 연락을 자주 안 하는 친구에게 연락 좀 자주 하라고 합니다.
   ⇨
3. 나보다 나이가 적은 사람에게도 처음에는 반말을 하면 안 됩니다.
   ⇨
4. 며칠 집을 비우게 된 어머니가 떠나기 전에 아이들에게 아버지 말씀 잘 듣고 밥 잘 먹으라고 합니다.
   ⇨

## 4 어차피 동사 (으)니까

여러분이나 아는 사람에게 다음과 같은 일이 생겼습니다. 여러분이라면 어떻게 말하겠습니까?

1. 지갑을 주웠는데 신분증이 없어서 돌려줄 수 없습니다.
   ⇨ 나 : 어차피 돌려줄 수 없으니까 / 그냥 제가 가질 거예요.
   ⇨ 다른 사람 : 어차피 돌려줄 수 없으니까 / 그냥 가지세요.
2. 9시에 수업이 시작되는데 9시에 일어났습니다.
   ⇨ 나 :
   ⇨ 다른 사람 :
3. 섬으로 여행을 갔는데 태풍이 와서 나갈 수가 없습니다.
   ⇨ 나 :
   ⇨ 다른 사람 :
4. 사랑하는 여자가 다음주면 다른 남자와 결혼합니다.
   ⇨ 나 :
   ⇨ 다른 사람 :

## 5 명사 에다(가)

- '-에다(가)'를 사용하여 문장을 바꾸십시오.

1. 생일 선물로 휴대폰도 받고 디지털 카메라도 받았어요.
   ⇨ 생일 선물로 휴대폰에다가 디지털 카메라도 받았어요.
2. 제 친구는 이제 겨우 25살인데 자기 집도 있고 차도 있어요.
   ⇨
3. 저 여자는 목걸이도 했고 귀걸이도 했어요.
   ⇨
4. 빵에 크림을 발라 먹어요.
   ⇨
5. 김치찌개에 돼지고기를 넣어요.
   ⇨
6. 책에 적지 말고 공책에 쓰세요.
   ⇨

## 6 명사 (으)로는 명사 이/가 그만이다

- 다음 대상 중에서 제일 좋은 것을 생각해 보고, '-(으)로는 -이/가 그만이다'를 사용하여 문장을 만드십시오.

1. 결혼 상대 : 결혼 상대로는 마음씨 착한 사람이 그만이에요.
2. 데이트 장소 :
3. 취미 :
4. 간식 :
5. 애완 동물 :
6. 100일 선물 :

## 7 명사 더러/보고

'-더러/보고'를 사용하여 문장을 만드십시오.

1. 동생 : 형, 컴퓨터 게임 좀 그만 해.
   ⇨ 동생이 형보고 / 더러 컴퓨터 게임 좀 그만 하랍니다.
2. 손님 : 아저씨, 여기 주문 좀 받아 주세요.
   ⇨
3. 아저씨 : 얘야, 회기역이 어딘지 아니?
   ⇨
4. 선생님 : 여러분, 오늘부터는 수업시간에 한국말만 씁시다.
   ⇨

## 8 명사 만 하다

다음 대상과 크기가 비슷한 것을 생각해 보고, '얼마나 -(으)ㄴ지 -만 하다'를 사용하여 문장을 만드십시오.

1. 수박, 크다, 머리통
   ⇨ 수박이 얼마나 큰지 머리통만 하다.
2. 방, 작다, 손바닥
   ⇨
3. 배, 크다, 남산
   ⇨
4. 놀라다, 가슴, 콩알
   ⇨

## 9 동작동사 고 나서

다음의 일을 하고 난 후에 어떤 일을 했는지 이야기해 보십시오.

1. 운동을 하고 나서 (샤워를 했어요).
2. 졸업을 하고 나서 ______.
3. 그 영화를 보고 나서 ______.
4. 숙제를 하고 나서 ______.

## 10 동작동사 는 한

어떤 조건이나 상황에서 다음과 같은 일이 있는지 생각해 보고, '-는 한'을 사용하여 문장을 완성하십시오.

1. (운전 면허증을 따지 않는 한) 차를 운전할 수 없어요.
2. ______ 외롭지 않아요.
3. ______ 쉬기는 어려울 거예요.
4. ______ 심심하지 않아요.
5. ______ 인류는 멸망하지 않을 거예요.
6. ______ 다시는 너를 보지 않을 것이다.

## 듣고 말하기

한수와 나오코가 편지에 대해 이야기하고 있습니다. 잘 듣고 질문에 답하십시오.

1. 잘 듣고 빈칸에 쓰십시오.

   1) ______________ 우체국에 가는 중이에요.

   2) 그것도 편지지에다가 ______________?

2. 잘 듣고 질문에 답하십시오.

   1) 한수가 편지를 쓴 이유는 무엇입니까?

   ______________

   2) 들은 내용과 같은 것을 고르십시오.

   □ 한수는 아내와 싸웠다.
   □ 한수는 부인의 생일을 잊어버렸다.
   □ 한수와 나오코는 같이 우체국에 가고 있다.
   □ 나오코는 우체국에서 편지를 부치려고 한다.

3. 다음 대화 상황 중에서 하나를 골라, 아래의 문법을 참고하여 대화를 만들어 보십시오.

■ 상황 ① 친구 생일에 카드를 보내려고 한다.
■ 상황 ② 어떤 경우에 편지를 쓰게 되는지 이야기한다.

| -는 김에 | -에다가 | -(으)로는 -이/가 그만이다 |
|---|---|---|

가 :

나 :

가 :

나 :

가 :

나 :

가 :

나 :

가 :

나 :

## 대 화

한 수 : 나오코, 어디 가니?
나오코 : 소포 부치러 우체국에 가는 중이에요.
한 수 : 그래? 그럼 우체국에 가는 김에 이것도 좀 부쳐 주겠니?
나오코 : 뭐예요?
한 수 : 어제 밤새 쓴 편지야.
나오코 : 누구한테 쓰셨는데, 밤새 쓰셨어요?
한 수 : 응, 애기 엄마한테.
나오코 : 선배님은 부인에게도 편지를 쓰세요? 그것도 편지지에다가 우표까지 붙여서? 정말 자상하시네요.
한 수 : 사실은 결혼기념일을 잊어버려서 아내와 좀 싸웠거든.
나오코 : 그럼 직접 만나서 이야기하는 것이 더 좋지 않을까요?
한 수 : 그것도 좋기는 한데, 마음을 전하는 데는 편지가 그만이라는 생각이 들어서.

## 읽 기 I

알맞게 연결하십시오.

| | |
|---|---|
| 개강 | 병원, 약국, 식당 등이 처음으로 문을 열다. |
| 개교 | 새 영화를 처음으로 상영하다. |
| 개봉 | 강의나 수업을 시작하다. |
| 개업 | 학교를 만들어 처음으로 문을 열다. |

다음 글을 잘 읽고 질문에 답하십시오.

[가] 희망찬 새해를 맞이하여 건강과 행운이 함께 하시길 바랍니다.
새해 복 많이 받으십시오.

이민정 드림

[나] 귀여운 우리 아기의 첫 번째 생일입니다. 그동안 많은 사랑을 주신 여러분들을 모시고 ㉠이날을 함께 기념하려 합니다. ( ㉡ ) 오셔서 축하해 주시면 감사하겠습니다.

아빠 신한수, 엄마 김희선 드림

[다] 항상 아낌없이 성원을 보내주신 귀하께 깊이 감사드립니다.
( ㉢ )제가 서울시 회기동에 한아름 꽃집을 개업하게 되었습니다.

한아름 꽃집 대표 김영철 올림

[라] 새로운 마음으로 ㉣저희 두 사람이 새 출발을 시작하려 합니다. 바쁘시더라도 참석하셔서 축복해 주시면 감사하겠습니다.

박태남, 강미옥의 장남 동건
이용준, 한정숙의 차녀 민정

1. 윗글 [가], [나], [다], [라]의 내용은 무엇입니까? 〈보기〉에서 찾아 쓰십시오.

| 보기 | 연하장 | 청첩장 | 돌 초청장 | 개업 초청장 |
|---|---|---|---|---|

[가] ________ [나] ________
[다] ________ [라] ________

2. 윗글 중에서 일시와 장소가 필요 없는 것을 고르십시오.

□ [가] □ [나] □ [다] □ [라]

3. 윗글의 내용과 〈보기〉의 일시와 장소가 알맞게 연결된 것은 무엇입니까?

보기
① 일　　시 : 2004년 10월 4일(토) 오후 1시
장　　소 : 회기 예식장
② 개업 일시 : 2004년 11월 8일(토) 오후 2시 30분
장　　소 : 서울특별시 회기동
③ 시험 일시 : 2004년 11월 21일(금) 오전 9시~12시
장　　소 : 경희대학교 국제교육원 210호
④ 일　　시 : 2004년 12월 28일(일) 오후 12시
장　　소 : 회기 뷔페

□ 가 - ③　　□ 나 - ④　　□ 다 - ①　　□ 라 - ②

4. ㉠이 가리키는 말을 찾아 쓰십시오.

5. ㉡에 알맞지 않은 말을 고르십시오.

□ 바쁘셔도　　□ 바쁘실 텐데　　□ 바쁘시더라도　　□ 바쁘시겠지만

6. ㉢에 알맞은 말은 무엇입니까?

□ 이번에　　□ 한번에　　□ 지난번에　　□ 다음번에

7. ㉣의 두 사람은 누구입니까? 두 사람의 성과 이름을 쓰십시오.

와/과

## 읽 기 II

● '손, 발, 몸, 눈'과 같이 신체 일부분을 가리키는 말과 함께 쓰는 '-짓'은 '몸(의 일부분)을 움직이는 동작'을 뜻합니다. 다음 빈칸에 알맞게 쓰십시오.

| 눈짓 | 몸짓 | 발짓 | 손짓 | 고갯짓 | 어깻짓 |
|---|---|---|---|---|---|

1. 손을 움직여서 사물을 가리키거나 자신의 생각을 남에게 전달합니다. 이때 한국 사람들이 손등을 위로 보이게 하여 위아래도 흔듭니다. 이것은 '이리로 오세요.'라는 뜻의 ＿＿ 입니다.

2. 발을 움직여서 자신의 기분이나 상황을 나타냅니다. 친구가 두 손 가득 짐을 들고 발로 나에게 이리로 와 달라고 ＿＿ 합니다.

3. 몸을 움직여서 자신의 생각을 다른 사람에 알립니다. 외국어가 서툴러도 ＿＿ 으로 외국인과 간단한 의사소통을 할 수 있습니다.

4. 눈을 움직여서 상대방에게 자신의 생각이나 뜻을 나타냅니다. 말로 의사소통을 할 수 없는 상황일 때 ＿＿ 을 보내 자신의 생각을 전달합니다.

5. 고개를 좌우로 흔들거나 위아래로 움직여서 자신의 생각을 남에게 전달합니다. '알겠습니다', '모르겠습니다' 와 같은 대답 대신 고개를 움직이는 것이 ＿＿＿ 입니다.

6. 기분이 좋거나 춤을 출 때 어깨를 흔듭니다. 한국 무용을 배우다 보면 한국 민요만 들어도 ＿＿＿ 을 한다고 합니다.

● 다음 글을 잘 읽고 질문에 답하십시오.

선생님께

아름다운 가을이 지나고 벌써 ( ㉠ ) 계절이 되었습니다. 그동안 잘 지내셨습니까? 제가 서울에 온 지도 벌써 두 달이 넘었습니다. 여기에 도착하자마자 편지를 쓰려고 했는데, 와 보니까 여러 가지 할 일이 많아서 이제야 편지를 쓰게 되었습니다.

제가 한국에 온다고 했을 때 누구보다 선생님께서 걱정을 많이 하셨지요? 하지만 걱정하지 않으셔도 될 것 같습니다. 요즘은 한국 생활이 아주 재미있습니다. 처음에는 매운 음식을 먹는 것, 온돌 바닥에 앉는 것, 이불과 요를 깔고 자는 것이 무척 불편했었습니다. 하지만 이제는 많이 ㉡익숙해졌습니다.

특히 재미있는 것은 같은 하숙집에 살고 있는 한국 친구들과 지내는 일입니다. 시간이 있으면 한 방에 모여 이야기꽃을 피웁니다. 가끔 한국 친구들의 서투른 영어와 나의 한국말이 통하지 않을 때는 서로 손짓 발짓으로 이야기를 합니다.

벌써 밤이 늦었습니다. 내일 아침 일찍부터 수업이 있어서 이만 줄이겠습니다. 또 연락 드리겠습니다. 건강하십시오.

200○년 ○월 ○일
서울에서 제자 마이클 ㉢___________

1. ㉠에 알맞은 말을 고르십시오.

□ 쌀쌀한　　따뜻한　　시원한　　뜨거운

2. ㉡과 뜻이 반대되는 말을 윗글에서 찾아 쓰십시오.

3. 마이클은 선생님께 왜 도착하자마자 편지를 쓰지 못했습니까?

4. 마이클이 한국 생활에서 불편했던 것이 아닌 것을 고르십시오.

□ 쌀쌀한 날씨　□ 매운 음식　□ 온돌 바닥　□ 이불과 요

5. 마이클이 하숙집 친구들과 사이좋게 지낸다는 것을 알 수 있는 말은 무엇입니까?

□ 이야기꽃　□ 서투른 영어　□ 서투른 한국말　□ 손짓 발짓

6. 윗글의 내용과 같은 것을 고르십시오

□ 아침에 편지를 쓰고 있다.
□ 한국 생활이 아직 불편하다.
□ 하숙집 친구들과 지내는 것이 재미있다.
□ 한국에 도착하자마자 편지를 쓰고 있다.

7. ㉢에 알맞은 말을 고르십시오.

□ 씀　□ 올림　□ 귀하　□ 귀중

## 어 휘 II

1. 〈보기〉에서 알맞은 말을 골라 문장을 완성하십시오.

| 보기 | 나누다 | 알리다 | 인쇄하다 | 고민하다 | 무시하다 |
|---|---|---|---|---|---|

1) 컴퓨터에 내용을 정리해서 입력한 후에 ______(으)세요.
2) 어머니는 맛있는 음식을 하시면 언제나 이웃 사람들에게 ______아/어 주세요.
3) 기술의 발달로 먼 곳에 있는 사람들에게도 소식을 쉽게 ______(으)ㄹ 수 있어요.
4) 며칠 동안 ______았/었지만 어떻게 해야 할지 결정하지 못했어요.
5) 어린 아이의 말이라도 ______지 말고 귀담아 들으세요.

2. (　　　　)에서 알맞은 말을 고르십시오.

1) 회사에서 보내는 ( 공적 / 사적 )인 편지는 업무를 원활히 하기 위한 것입니다.
2) 교통질서를 잘 지키면 교통사고로 인한 ( 불행 / 행운 )을 막을 수 있어요.
3) 우체국에 소포를 ( 붙이러 / 부치러 ) 가는 길이에요.
4) 저는 비가 오는 날에는 ( 괜히 / 설마 ) 기분이 우울해져요.
5) 그 사람은 언제나 즐겁게 생활하고 미래를 ( 비관적 / 낙관적 )으로 생각해요.

3. 상황에 맞는 속담을 〈보기〉에서 고르십시오.

보기
㉠ 말 한 마디로 천 냥 빚 갚는다.　　㉡ 가는 말이 고와야 오는 말이 곱다
㉢ 낮말은 새가 듣고 밤말은 쥐가 듣는다.　　㉣ 발 없는 말이 천 리 간다.

1) 자신이 한 말이 금방 소문이 나서 모든 사람이 알게 돼요. ______
2) 말을 잘하면 어떤 어려움도 해결 할 수 있어요. ______
3) 상대방에게 예의바르게 말해야 상대방도 나에게 예의바르게 말해요. ______
4) 아무도 듣지 않고 있다고 생각하지만 누군가 그 말을 듣고 있어요. ______

## 쓰 기 I

친구에게 받은 편지가 있으면 아래에 붙이십시오. 그리고 답장을 쓰십시오.

## 쓰 기 II

"사랑하는 부모님께"라는 제목으로 편지를 쓰려고 합니다. 다음의 순서에 따라 글을 완성하십시오.

1. 부모님의 사진이나 가족사진을 붙이고 질문에 답하십시오.

1) 여러분은 부모님께 자주 편지를 씁니까? ______________________

2) 언제 부모님께 편지를 씁니까? ______________________

3) 부모님께서는 여러분에게 편지를 보내십니까? ______________________

2. 다음 중 부모님께 편지를 쓰는 데 필요한 단어를 다섯 개 고르거나 생각나는 단어를 쓰십시오.

| 날씨 | 건강 | 생활 | 공부 | 친구 |
|---|---|---|---|---|
| 잘 지내다 | 아프다 | 즐겁다 | 익숙해지다 | 편안하다 |

3. 위에서 고른 단어로 문장을 만드십시오.

1) ______________________

2) ______________________

3) ______________________________

4) ______________________________

5) ______________________________

4. 다음 질문에 답하십시오.

1) 요즘 서울의 날씨는 어떻습니까? ______________________________

2) 여러분의 요즘 생활은 어떻습니까? ______________________________

3) 부모님께 꼭 하고 싶은 이야기는 무엇입니까? ______________________________

4) 부모님께 약속하고 싶은 것을 두 가지 쓰십시오. ______________________________

5. 1번부터 4번까지의 내용을 가지고 한 편의 글을 완성해 봅시다.

## 형성 평가

시간 50분 점수 /100

※ 각 문제는 3점씩입니다. 단, 16번부터 25번 문제는 각 4점씩입니다.

【1~4】 잘 듣고 쓰십시오.

1. ______ 2. ______

3. ______ 4. ______

【5~6】 잘 듣고 빈칸에 쓰십시오.

5. 어차피 오늘은 ______ 내일 보내지 뭐.

6. 처음에는 그냥 무시하려고 했는데, 괜히 ______ 고민 중이에요.

【7~8】 대화를 잘 듣고 질문에 답하십시오.

7. 두 사람은 무엇에 대해 이야기하고 있습니까?

① 우체국 ② 편지 ③ 친구 ④ 성격

8. 한수는 왜 아내와 싸웠습니까?

______

【9~10】 잘 듣고 질문에 답하십시오.

9. 편지를 쓸 때 준비해야 할 것을 쓰십시오.

______

10. 들은 내용과 다른 것을 고르십시오.

① 편지는 비용이 너무 많이 든다.
② 편지는 보내는 데 시간이 많이 걸린다.
③ 요즘에는 택배를 보내는 사람이 늘고 있다
④ 편지는 받는 사람에게 깊은 감동을 줄 수 있다.

● 【11~15】 다음 〈보기〉에서 알맞은 말을 골라 문장을 완성하십시오.

| 보기 | 고백 | 오해 | 감동 | 전달 | 사과 |
|---|---|---|---|---|---|

11. 편지는 그 어떤 선물보다도 받는 사람에게 ______ 을/를 줄 수 있어요.
12. 요즘에는 직접 물건을 ______ 해 주는 택배가 인기예요.
13. 친구랑 싸운 후에 직접 미안하다고 얘기하기가 어려워서 ______ 편지를 썼어요.
14. 사랑을 ______ 할 때 많은 사람들이 편지를 써요.
15. 친구들과의 ______ 을/를 풀기 위해서 편지를 쓰는 경우도 있어요.

16. 다음 중 '-에다가'의 의미가 다른 것을 고르십시오.

① 꽃에다가 반지까지 받았어요.
② 봉투 속에다가 낙엽도 넣었어요.
③ 거기에는 가구에다가 전자제품까지 없는 게 없어요.
④ 밥에다가 술까지 사느라고 돈이 하나도 안 남았어요.

● 【17~20】 다음 〈보기〉에서 알맞은 말을 골라 문장을 연결하십시오.

| 보기 | -ㄴ/는 김에 | -더라도 | -고 나서 | -는 한 |
|---|---|---|---|---|

17. 떡 ______(보다) 김에 제사 지낸다는 속담도 있는데, 두 권만 대신 좀 빌려다 주세요.
18. 홈페이지에서 ______(신청하다) 전화로 꼭 확인을 하십시오.
19. 지금은 필요가 ______(없다) 버리지는 마세요. 다음에 필요할 때가 있을 거예요.
20. 저는 모임 날짜를 ______(바꾸지 않다) 가기 힘들 것 같아요.

● 【21~23】 다음 문법을 사용하여 대화를 완성하십시오.

21. 〈어차피 -(으)니까〉

가 : 내일이 신청 마감이라고 하던데 어떻게 하실 거예요?
나 : ______ 준비를 잘 해서 다음에 신청하려고 해요.

22. 〈-(으)로는 -이/가 그만이다〉

가 : 아르바이트를 좀 하려고 하는데 뭐 좋은 거 없을까요?
나 : 뭘 고민하세요? ______.

23. 〈-(ㄴ/는)다고들 하다〉

가 : 우리 나라도 선진국이 될 수 있을까요?
나 : 그럼요. 몇 년 후면 ______________________.

**【24~25】 다음 대화의 밑줄 친 문장에서 <u>틀린 부분</u>을 찾아 알맞게 고치십시오.**

24. 가 : 저 오늘 좀 늦을 것 같아요.
나 : 무슨 일 있니?
가 : <u>대학로에 왔는데 나오는 김에 친구 좀 만나려고요.</u>

______________ ⇨ ______________

25. 가 : 이번 주에 시간 괜찮으시대요?
나 : 네. <u>우리보고 토요일 저녁에 회사로 온댔어요.</u>

______________ ⇨ ______________

26. **다음은 빌리 씨가 김 선생님께 쓴 편지의 앞부분입니다. (　　)에 알맞은 말을 고르십시오.**

> 김 선생님께
> 선생님, 안녕하세요. 그동안 잘 지내셨습니까? 저는 (　　　　㉠　　　　). 서울에서 한국어를 배웠던 게 엊그제 같은데 벌써 일 년이 지났습니다. 고향으로 돌아올 때는 바로 편지를 드리려고 했는데, 와 보니 여러 가지 할 일이 많아서 이제야 편지를 쓰게 되었습니다. 죄송합니다.

① 다음에 또 연락드리겠습니다.
② 선생님 덕분에 잘 지내고 있습니다.
③ 답장해 주시면 바로 보내드리겠습니다
④ 바쁘셔도 참석하셔서 축복해 주십시오.

**【27~28】 다음 글을 잘 읽고 질문에 답하십시오.**

> ㉠<u>사랑과 감사의 마음을 전하는 방법 중에서 편지만한 것이 있을까?</u> 편지는 그 어떤 선물보다도 받는 사람에게 깊은 감동을 줄 수 있다. 하지만 편지에는 시간이 많이 걸린다는 단점이 있다. ㉡<u>이런 단점</u>을 보완하기 위해서 빠른 우편이나 등기, 전보 등 특별한 우편 배달 방법이 등장했다.

27. ㉠은 무슨 뜻입니까?

① 편지로 사랑과 감사의 마음을 전하고 싶을 때는 주의할 것이 있다.
② 편지 외에 사랑과 감사의 마음을 전하는 방법에는 어떤 것이 있을까?
③ 편지가 사랑과 감사의 마음을 전하는 가장 좋은 방법인지 생각해 보자.
④ 편지만큼 사랑과 감사의 마음을 전할 수 있는 좋은 방법은 없는 것 같다.

28. ㉡이 가리키는 말을 윗글에서 찾아 쓰십시오. (8음절)

【29~30】 다음 글을 잘 읽고 질문에 답하십시오.

편지에는 여러 가지 종류가 있는데 그 목적에 따라 사적인 편지와 공적인 편지로 나눌 수 있다. 사적인 편지에는 안부 편지, 감사 편지, 격려 편지 등이 있으며, 공적인 편지에는 공문, 초청장, 주문서 등이 있다.

이 중에서 공적인 편지는 쓰는 목적이 분명해야 하며 원하는 내용을 정확하게 전달해야 한다. 또한 받는 사람에 대한 예의를 갖추어 쓰는 것이 필요하다. 먼저 공문은 회사나 기관에서 업무를 원활히 하기 위해 쓰는 편지이다. 그래서 공문은 정해진 형식을 지키는 것이 중요하다. 초청장은 어떤 행사에 누군가를 초대할 때 쓰게 된다. 이때는 누가, 언제, 어디서, 무슨 행사를 하는지 밝혀야 한다. 주문서는 어떤 물건이 필요할 때 주문하는 편지로, 물건의 종류, 수량, 받기 원하는 날짜 등을 자세히 써야 한다.

29. 윗글에서는 편지를 사적인 편지와 공적인 편지로 나눌 수 있다고 합니다. 그 기준은 무엇입니까?

① 종류　② 목적　③ 공문　④ 예의

30. 윗글의 내용과 다른 것을 고르십시오.

① 공문은 형식을 지키지 않아도 된다.
② 초청장에는 행사 내용과 행사 일시가 적혀 있다.
③ 회사나 기관에서는 원활한 업무를 위해 공문을 사용한다.
④ 주문서를 쓸 때는 필요한 물건의 종류와 수량을 반드시 적는다.

## 관련 어휘

### 편지에 관련된 어휘 · 표현

- 사랑과 감사의 마음을 전하다
- 깊은 감동을 주다
- 사랑을 고백하다
- 용서를 구하다
- 오해를 풀다
- 편지 한 통
- 단점을 보완하다
- 빠른 우편 / 등기 / 전보 / 택배
- 사적인 편지 / 공적인 편지
- 공문 / 초청장 / 주문서
- 정해진 순서를 지키다
- 업무를 원활하게 하다

### 편지 쓰기에 관련된 어휘 · 표현

- 이름과 호칭
- 안부를 전하다
- 오래간만
- 감사 인사
- 사과의 말
- 내용을 마무리하다
- 여쭙다
- 끝인사를 하다
- 씀 / 보냄
- 드림 / 올림
- 귀하 / 귀중
- 추신

# 모범 답안

## 제 1 과 첫인상 p.13

### 어휘 I

1. 1) 인상이 좋습니다, 인상이 나쁜
   2) 인상을 씁니다, 인상을 폅니다
   3) 인상을 줍니까, 인상을 받습니까
2. 1) 면접 시험을 봅니다
   2) 면접에 붙기
   3) 면접에서 떨어집니다
3. 1) 건축학
   2) 언어학
   3) 경제학
   4) 컴퓨터공학
   5) 물리학
   6) 심리학

### 문법

**1 -느라고**

1. 2) 책을 읽느라고 밤을 새웠어요.
   3) 음악을 듣느라고 부르는 소리를 못 들었어요.
   4) 친구 전화를 기다리느라고 외출도 못 했어요.
2. 2) 다이어트를 하느라고
   3) 좋은 집을 구하느라고
   4) 필요한 책을 찾느라고

**2 -(으)ㄴ 지**

1. 2) 밥을 먹은 지 두 시간 됐어요.
   3) 감기에 걸린 지 사흘 됐어요.
   4) 용돈을 받은 지 한 달 지났어요.
   5) 테니스를 한 지 한참 됐어요.
   6) 취직한 지 얼마 안 됐어요.
2. 2) 삼 개월 됐어요.
   3) 십 년 됐어요.
   4) 얼마 안 됐어요.

**3 -게 되다**

2. 갑자기 돈이 생기면 필요 없는 물건을 사게 돼요.
3. 모르는 말도 자주 들으면 알게 돼요.
4. 부모님이 보고 싶을 때는 사진을 보게 돼요.
5. 비가 와서 여행을 연기하게 됐어요.
6. 준비를 못 해서 시험에 떨어지게 됐어요.

**4 -(ㄴ/는)다면**

2. 우리 반 친구들과 같이 노래방에 간다면 정말 재미있을 거예요.
3. 다시 태어난다면 남자보다는 여자가 되고 싶어요.
4. 약속 시간이 기억나지 않는다면 수첩을 찾아보세요.
5. 품질만 좋다면 비싸도 괜찮을 것 같아요.
6. 내가 영화감독이라면 이 소설을 영화로 만들고 싶어요.

**5 -에 대해(서)**

2. 나오코 씨는 취직에 대해서 생각하고 있어요.
3. 민정 씨는 한국 역사에 대해서 공부하고 있어요.
4. 빌리 씨는 한국 문화에 대한 강의를 듣고 있어요.
5. 한수 씨는 컴퓨터에 대한 책을 읽고 있어요.
6. 영철 씨는 호텔 경영에 대한 보고서를 쓰고 있어요.

**6 -게**

2. 짧게
3. 싸게
4. 늦게
5. 따뜻하게
6. 크게

**7 -(으)며**

2. 그 가수의 목소리는 깨끗하며 맑습니다.
3. 에디슨은 과학자이며 발명가입니다.
4. 빌리 씨가 웃으며 말합니다.

**8 (마치) -처럼**

2. 인형처럼 귀여워요.
3. 모델처럼 날씬해요.
4. 아이처럼 욕심이 많아요.
5. 아인슈타인처럼 머리가 좋아요.
6. 영화배우처럼 멋있어요.

**9 -적**

2. 한국적
3. 과학적
4. 남성적

**10 -아/어 가다/오다**

2. 다 끝나 가요.
3. 써 왔어요.
4. 다 나아 가요.

## 듣고 말하기

1. 1) 첫인상이
   2) 인기가 많을 것
2. 1) 이 주일쯤 됐습니다.
   2) ☑ 일본에서 온 친구는 착하게 생겼다.

## 읽기 I

● 알맞게 연결하십시오.

| | |
|---|---|
| 첫날 • | • 처음 오는 눈 |
| 첫눈 • | • 처음 태어난 딸 |
| 첫딸 • | • 처음 하는 사랑 |
| 첫사랑 • | • 처음 시작하는 날 |

● 다음 글을 잘 읽고 질문에 답하십시오.

1. 사람의 인상은 변하기 때문입니다.
2. ☑ 그러나
3. ☑ 먼저 알게 된 정보가 나중에 안 정보보다 중요하기 때문입니다.
4. 작은 잘못을 해도 쉽게 이해 받을 수 있습니다.
5. 첫 만남이나 면접에서 따뜻한 인상을 주려고 노력합시다.
6. ☑ 지우느라고

## 읽기 II

● 다음에 제시한 동사를 사용하여 문장을 완성하십시오.

1. 숙입니다
2. 엽니다
3. 줍니까
4. 띱니다

● 다음 글을 잘 읽고 질문에 답하십시오.

1. ☑ 신입 사원의 성공적인 첫인상 만들기
2. 좋은 첫인상은 주변 사람들과의 관계를 좋게 만들기 때문입니다.
3. ☑ 성공적인
4. ☑ 가벼운 눈인사
5. ☑ 그러면
6. ☑ '인사'로 좋은 인상을 만들 수 있으나 너무 자주 인사를 하면 실례가 됩니다.

## 어휘 II

1. 1) 피하려고
   2) 상담하세요
   3) 정확하게
   4) 튼튼하게
   5) 곤란한
2. 1) 복잡해요
   2) 수수하게
   3) 연하게
   4) 좁아요
   5) 잃었어요
3. 1) 눈이 빛나는
   2) 코가 잘생긴
   3) 눈이 올라가면
   4) 이마가 넓은
   5) 귀가 크면

## 쓰기 I

2) 도, 도
3) 를
4) 에서, 까지, 로
5) 에서
6) 과
7) 로, 로
8) 부터, 까지
9) 부터, 까지
10) 로

## 형성평가

1. 너그럽다
2. 실제로
3. 맞추다
4. 별로
5. 진하지 않은 것
6. 운명을 맞추는
7. ②
8. ①
9. ③
10. ②
11. 지원
12. 전공
13. 요령이
14. 전달
15. 인상을
16. ④
17. ③
18. ②
19. ④
20. 들으며
21. 맞게
22. 에 대해서

23. 처럼
24. 배우게 됐어요.
25. 다 해 가요. / 다 끝나 가요.
26. ①
27. ④
28. ②
29. ③
30. ②

## 제 2 과 취미 p.36

### 어휘 I

1. 1) 등산복, 등산화
   2) 사진기
   3) 여행사, 여권
   4) 낚시터, 낚싯대
2. 1) 음악을 듣다
   2) 동전을 모으다
   3) 사진을 찍다
   4) 경기를 보다
   5) 신문을 받아 보다
   6) 모형을 만들다

### 문법

#### 1 반말

1. 2) 눈이다.
   3) 좋다.
   4) 좋지 않다.
   5) 산다.
   6) 있다.
2. 2) 모형 비행기를 만드는 중이야. 이제 거의 완성됐어.
   3) 어머, 정말 진짜 같아. 취미가 모형 만들기야?
   4) 응, 좀 유치해 보이기는 하지만 실제로 해 보면 아주 재미있어.
   5) 좋은 취미를 갖고 있구나. 다른 것도 만들어?
   6) 응, 가끔 배나 자동차, 건물 같은 것도 만들어.
   7) 어떤 건물인데?
   8) 경복궁처럼 유명한 건물을 종이로 만들어.
   9) 그럼 플라스틱 모형보다 화려하고 멋있겠군/멋있겠구나.
   10) 응, 그래.

#### 2 -(으)ㄹ 줄 알다/모르다

1. 2) 칠 줄 알아요 / 몰라요.
   3) 칠 줄 알아요 / 몰라요.
   4) 부를 줄 알아요 / 몰라요.
   5) 만들 줄 알아요 / 몰라요.
   6) 할 줄 줄 알아요 / 몰라요.
2. 2) 나이가 어릴 줄 몰랐어요.
   3) 한국 생활이 이렇게 재미있을 줄 몰랐어요.
   4) 등산이 힘들 줄 몰랐어요.
   5) 전화 요금이 많이 나올 줄 몰랐어요.
   6) 물가가 이렇게 쌀 줄 몰랐어요.

#### 3 -기는 하지만

2. 그림을 그리기는 하지만 잘 그리지는 못해요.
3. 한국어는 좀 어렵기는 하지만 재미있어요.
4. 온돌방은 불편하기는 하지만 건강에는 좋아요.
5. 새 차는 비싸기는 하지만 고장이 나지 않아서 좋아요.
6. 어학 연수를 가고 싶기는 하지만 돈이 부족해서 고민이에요.
7. 버스비가 또 오르기는 했지만 많이 비싸지는 않아요.
8. 그 사람에게도 초대장을 보내기는 하겠지만 참석하기는 어려울 거예요.

#### 4 -는 중이다 / 중이다

2. 취침 중이니까 들어오지 마세요.
3. 금연 중이어서 애들처럼 과자를 자주 먹어요.
4. 자동차 수리 중에 손을 다쳤어요.
5. 요즘은 취미로 동전 수집 중이에요.
6. 지금 근무 중이에요.

#### 5 -아/어 보이다

2. 멋있다 / 정장을 입은 사람은 멋있어 보여요.
3. 젊다 / 캐주얼을 입은 사람은 젊어 보여요.
4. 좋다 / 백화점 물건은 좋아 보여요.
5. 행복하다 / 입학시험 합격자는 행복해 보여요.
6. 슬프다 / 애인과 헤어진 사람은 슬퍼 보여요.
7. 예쁘다 / 마음에 드는 사람은 예뻐 보여요.
8. 친절하다 / 미소를 띤 백화점 안내원은 친절해 보여요.
9. 바쁘다 / 전화를 받으면서 보고서를 작성하고 있는 회사원은 바빠 보여요.
10. 아프다 / 병원 침대에 누워 기침하고 있는 환자는 아파 보여요.

#### 6 -(으)면서

1. 2) 빌리 씨와 나오코 씨가 웃으면서 이야기를 나누고 있어요.
   3) 민정 씨가 신문을 읽으면서 혼자 중얼거리고 있어요.
   4) 나오코 씨가 손을 흔들면서 반갑게 인사를 하고 있어요.
   5) 영철 씨가 잠을 자면서 코를 골고 있어요.
   6) 한수 씨가 길을 걸으면서 무언가 찾고 있어요.
2. 2) 더우면서 비가 많이 옵니다.

3) 자상하시면서 엄격하십니다.
4) 값이 싸면서 맛도 좋습니다.

**7 -는 데**

2. 아파트를 수리하는 데 돈이 많이 들어요.
3. 유학 생활을 하는 데 어려움이 많아요.
4. 축구를 하는 데에는 편한 신발이 좋아요.

**8 -을/를 통해(서)**

2. 선생님을 통해(서)
3. 홈페이지를 통해(서)
4. 신문을 통해(서)

**9 -기 위해(서)**

2. 여행을 가기 위해서 돈을 모아요 / 여행을 가기 위해서요.
3. 좋은 회사에 취직하기 위해서 경영학과에 입학하려고 해요 / 좋은 회사에 취직하기 위해서요.
4. 취미 생활을 하기 위해서 동아리에 가입해요 / 취미 생활을 하기 위해서요.

**10 -(이)나**

2. 두 시간이나 걸려요.
3. 그럼요. 한국에서 십 년이나 살았으니까요.
4. 네, 스무 명이나 왔어요.

## 듣고 말하기

1. 1) 넣기는 했지만
   2) 직접 하는 게
2. 1) 열심히 응원하면 스트레스가 풀리기 때문입니다.
   2) ☑ 빌리는 저녁마다 축구를 한다.

## 읽기 I

● 다음 빈칸에 공통으로 들어갈 말을 쓰고 뜻을 알아봅시다.
취미 (생활) / 경제(생활) / 사회(생활)
가정(생활) / 학교(생활) / 직장 (생활)

● 다음 글을 잘 읽고 질문에 답하십시오.
1. ☑ 나 - 가 - 다
2. ☑ 운동
3. ☑ 카드 놀이
4. 활동적인

## 읽기 II

● 반대되는 뜻을 가진 말을 쓰십시오.
무겁다 ⇔ (가볍다) / 딱딱하다 ⇔ (부드럽다)
강하다 ⇔ (약하다) / 위험하다 ⇔ (안전하다)

● 다음 글을 잘 읽고 질문에 답하십시오.
1. ☑ 자전거는 바퀴가 두 개밖에 없기 때문입니다.
2. ☑ 머리에 꼭 맞는 헬멧을 씁니다.
3. 집으로 돌아올 때도 다시 자전거를 타야 하기 때문입니다.
4. ☑ ㉠ 그러나, ㉣ 그리고, ㉥ 왜냐하면
5. ☑ 어느 정도 땀이 났을 때쯤 되돌아오는 것이 좋습니다.
6. ☑ 머리에 꼭 맞는 헬멧을 씁니다.
   ☑ 바닥이 딱딱한 신발을 신습니다.

## 어휘 II

1. 1) 말렸지만
   2) 맞힌
   3) 망설였지만
   4) 자랑했어요.
   5) 지칠
2. 1) 안전하게
   2) 청취해요
   3) 대부분
   4) 잠꼬대
   5) 유치해
3. 1) 손이 크다
   2) 귀가 얇다
   3) 발이 넓다
   4) 입이 무겁다
   5) 눈이 높다

## 형성 평가

1. 집중력
2. 잔소리
3. 커다랗다
4. 즐기다
5. 칠 줄 아세요
6. 실제로
7. ③
8. 바쁘기 때문에
9. ④
10. ③
11. 수집하는
12. 관람해요
13. 감상할
14. 즐기는
15. 키우는
16. ①

17. ①
18. ③
19. ④
20. 있기는 하지만
21. 짓기 위해(서)
22. 하는 데
23. 하면서
24. 도서관에 가는 중이에요
25. 피곤해 보여요
26. ④
27. ①
28. ②
29. ②
30. ④

## 제 3 과 직장 생활 p.60

### 어휘 I

1. 1) 사장님, 부장님
   2) 교수님, 조교
   3) 대통령, 총리
2. 1) 인사부
   2) 연봉
   3) 결근
   4) 영업부
   5) 일당
   6) 퇴근

### 문법

**1 -나 봐요/-(으)ㄴ가 봐요**

2. 교통 사고가 났나 봐요.
3. 미국 사람인가 봐요./외국에서 오래 살았나 봐요.
4. 머리가 좋은가 봐요.
5. 결혼을 하려나 봐요.
6. 비가 오려나 봐요.

**2 -네요**

2. 멋있네요.
3. 예쁘네요.
4. 많이 올랐네요.
5. 힘들겠네요.
6. 큰일이네요.

**3 -잖아요**

2. 불편하잖아요.
3. 편하잖아요.
4. 음식이 맛있잖아요.
5. 재미있고 기억하기 쉽잖아요.
6. 테니스 선수였잖아요.

**4 -았었/었었-**

2. 예전에는 외국 영화를 많이 봤었는데 요즘은 한국 영화를 많이 봐요.
3. 예전에는 만화책을 좋아했었는데 요즘은 소설책을 더 좋아해요.
4. 예전에는 스키를 주로 탔었는데 요즘은 스노보드를 많이 타요.
5. 예전에는 중국 음식을 많이 먹었었는데 요즘은 한국 음식을 더 많이 먹어요.
6. 예전에는 운동화를 많이 신었었는데, 요즘은 구두를 더 많이 신어요.

**5 -아/어 놓다/두다**

2. 배워 놓으면/두면
3. 외워 놓으면/두면
4. 저축해 놓으면/두면
5. 알아 놓으려고/두려고
6. 뿌려 놓아서/두어서

**6 (아무리) -아/어도**

2. 아무리 바빠도
3. 아무리 열심히 공부해도
4. 아무리 찾아도
5. 아무리 빨리 가도
6. 아무리 슬픈 일이 있어도

**7 -자마자**

2. 불이 나자마자 소방차가 와요.
3. 졸업하자마자 취직할 거예요.
4. 이사하자마자 집들이를 할 거예요.
5. 수업이 끝나자마자 점심식사를 했어요.
6. 맞선을 보자마자 결혼했어요.

**8 -(으)ㄴ/는지 알다/모르다**

2. 누나 남편을 어떻게 부르는지 몰라요.
3. 몇 살인지 몰라요.
4. 여기가 어딘지 모르겠어요.
5. 어제 우리가 몇 시에 집에 들어왔는지 알아요?
6. 동대문 시장이 언제 생겼는지 몰라요.

### 9 -(으)ㄴ 만큼, -만큼

2. 다른 사람들이 받는 만큼 받고 싶어요./다른 사람들만큼 받고 싶어요.
3. 남들이 마시는 만큼 마셔요./남들만큼 마셔요.
4. 요즘 젊은 사람들이 낳는 만큼 낳을 거예요./요즘 젊은 사람들만큼 낳을 거예요.

### 듣고 말하기

1. 1) 발음이 참 좋은데
   2) 뭐 특별한
2. 1) 1년 됐습니다.
   2) ☑ 빌리는 지금 한국어를 배우고 있다.

### 읽기 I

● 알맞은 말을 골라 문장을 완성하십시오.

1. 해결하기
2. 고려해야
3. 맞는

● 다음 글을 잘 읽고 질문에 답하십시오.

1. ☑ 일을 통해 번 돈으로 의식주를 해결하기 때문에
2. ☑ 조건
3. ㉡ 그러므로, ㉥ 하지만
4. ☑ -아/어도 : ㉢ 들어도, ㉧ 좋아도
5. ☑ 직업
6. ☑ 사회에 없어서는 안 될 직업
   ☑ 다른 사람에게 도움이 되는 직업
7. ☑ 적성

### 읽기 II

● 알맞은 것끼리 연결하십시오.

농담 • • 거짓이 없는 말
진담 • • 특별한 목적 없이 이것저것 하는 말
덕담 • • 장난으로 하는 말
잡담 • • 다른 사람이 잘 되기를 바라는 말

● 다음 글을 잘 읽고 질문에 답하십시오.

1. ☑ 밟다
2. ② 건강 관리, ④ 원만한 대인 관계
3. ㉡ 그러므로, ㉦ 그리고
4. ☑ 적
5. ☑ 피곤하거나 건강하지 못한 사람은 오랫동안 일을 할 수 없기 때문이다.
6. ☑ 가까운 거리 걸어 다니기, ☑ 의자에 허리 펴고 앉기
7. 일정표

### 어휘 II

1. 1) 정리해서
   2) 번역해
   3) 존경하는
   4) 고려해
   5) 야단을 맞았습니다
2. 1) 구하는
   2) 광고
   3) 끊을 수
   4) 자상하게
   5) 딱
3. 1) 입사한
   2) 홍보하는
   3) 담당하게
   4) 서투릅니다
   5) 회식할

### 형성 평가

1. 신입 사원
2. 아랫배
3. 급하다
4. 활동하다
5. 입사한
6. 얼마나 받을지
7. 한국말이 서툴러서
8. ④
9. 한국 사람들과 함께 일을 하고 싶어서
10. ③
11. 조건
12. 가치
13. 의식주를
14. 월급을
15. 적성
16. ④
17. 끊자마자
18. 읽어도
19. 했는지
20. 준비한 만큼
21. 컸었는데
22. 했잖아요
23. 좋네요
24. 준비해 두세요
25. 있나 봐요
26. ④
27. ㉠ 월급, ㉡ 사회적 가치, ㉢ 적성

28. ③
29. 자기 자신
30. ①, ②

## 제 4 과 환불 p. 84

### 어휘 I

1. 1) 실험, 실험
   2) 실명, 실명
   3) 실천
   4) 실화, 실화
2. 1) 돈이 (많이) 들기
   2) 생각이 듭니다
   3) 힘(이) 듭니다
   4) 정이 듭니다, 정이 들면

### 문법

**1 -는 바람에**

2. (학교에 지각했어요)
   ⇨ 늦게 일어나는 바람에 학교에 지각했어요.
3. (옷이 다 젖었어요)
   ⇨ 갑자기 비가 오는 바람에 옷이 다 젖었어요.
4. (숙제를 못 했어요)
   ⇨ 정전이 되는 바람에 숙제를 못 했어요.
5. (세수도 못 했어요)
   ⇨ 갑자기 물이 안 나오는 바람에 세수도 못 했어요.
6. (제대로 구경을 못 했어요)
   ⇨ 멀미를 심하게 하는 바람에 제대로 구경을 못 했어요.

**2 얼마나 -(으)ㄴ지 모르다**

1. 2) 끝말잇기, 컴퓨터 게임
   3) 우리 선생님, 도우미
   4) 러시아어, 아랍어
   5) 편지, 러브스토리
   6) 비빔밥, 불고기
2. 2) 끝말잇기가 얼마나 재미있는지 몰라요.
   3) 우리 선생님은 얼마나 친절하신지 몰라요.
   4) 러시아어가 얼마나 어려운지 몰라요.
   5) 영화 '편지'가 얼마나 슬픈지 몰라요.
   6) 비빔밥이 얼마나 맛있는지 몰라요.

**3 -더군요**

1. 2) 여의도에 갔는데 사람들이 인라인 스케이트를 많이 타고 있더군요.
   3) 오늘 학교 식당 메뉴가 좋더군요.
   4) 길에서 선생님 가족을 만났는데 아이가 예쁘더군요.
   5) 광화문에 갔는데 늦은 시간까지 사람이 많더군요.
   6) 새로 온 반 친구의 키가 아주 크더군요.
2. 2) (1) 민정 씨가 숙제를 하더군요.
   (2) 민정 씨 공책을 봤는데 숙제를 했더군요.
   3) (1) 지난주에 나오코 씨가 말하기 대회에서 발표를 하더군요.
   (2) 나오코 씨가 말하기 대회에서 발표를 했더군요.

**4 -(으)ㄹ까 하다**

2) 데이트 상대 : 나오코
   시간 : 오늘 저녁
   장소 : 대학로
   하고 싶은 일 : 연극 관람

⇨ 오늘 저녁에 나오코 씨와 데이트를 할까 합니다. 함께 대학로에 갈까 합니다. 같이 연극을 볼까 합니다.

**5 -거든요**

2. 시험 공부를 많이 못 했거든요.
3. 급한 일이 있거든요.
4. 사전이 고장났거든요.
5. 신입 사원을 많이 안 뽑거든요.
6. 일이 빨리 끝났거든요.

**6 아무 -도, 아무 -(이)나**

2. 아무한테나
3. 아무 때나
4. 아무도
5. 아무 거나
6. 아무 데도

**7 -나요?/-(으)ㄴ가요?**

2. 언제까지 문을 여나요?
3. 언제까지 제출하면 되나요?
4. 나오코 씨는 괜찮은가요?

**8 -에 따르면**

2. 여론조사에 따르면 많은 사람들이 그 정책에 반대한다고 합니다.
3. 결혼정보회사에 따르면 일하는 여성들의 결혼이 점점 늦어진다고 합니다.
4. 한국의 주도에 따르면 어른에게는 술을 두 손으로 따라 드려야 한다고 합니다.
5. 한국의 식사 예절에 따르면 어른이 식사를 끝내기 전에 자리에서 일어서면 안 된다고 합니다.
6. 출입국관리사무소 책임자에 따르면 학생 비자 연장에는 출석률이 중요하다고 합니다.

**9 -에 비해(서)**

1. 2) 여자는 남자에 비해서 평균 수명이 깁니다.
   3) 한국 대학생은 다른 나라 대학생에 비해서 부모님으로부터 경제적 도움을 많이 받습니다.
   4) 도시는 시골에 비해서 문화 공간이 다양합니다.
2. 2) 빌리 씨는 나이에 비해 어려 보여요.
   3) 이 옷은 가격에 비해 품질이 좋아요.
   4) 이 회사는 월급에 비해 일이 많아요.

## 듣고 말하기

1. 1) 피부에 따라
   2) 바꿔 볼까
2. 1) ☑ 피부에 잘 맞지 않아서
   2) 순하고 부드럽다

## 읽기

● 다음 빈칸에 들어갈 말을 〈보기〉에서 골라 쓰십시오.

1. 취
2. 반
3. 완
4. 초

● 다음 글을 잘 읽고 질문에 답하십시오.

1. ☑ 30만 원
2. ☑ 사자마자
3. ☑ 그래서
4. ☑ 에 따르면
5. 9만원
6. 소비자피해보상규정
7. 190만 원
8. ☑ 로
9. ☑ 교통사고 때문에 여행 계약을 취소했을 때

## 어휘II

1. 1) 넘었지만
   2) 달라졌어요
   3) 다양한
   4) 주의해야
   5) 추천해
2. 1) 판매
   2) 농산물
   3) 외출
   4) 마침
   5) 맞벌이
3. 1) 마음에 들지
   2) 교환하거나
   3) 보관해
   4) 살펴보아야
   5) 바느질한

## 쓰기 I

오늘은 정말 정신이 없는 날이었습니다. 학교에 갔다가 기숙사에 돌아왔는데 아무리 찾아도 열쇠가 없었습니다. 한참을 찾다가 생각해 보니 책상 위에 두고 온 것이 기억났습니다.

## 형성 평가

1. 맞벌이
2. 젊은이
3. 꼼꼼하다
4. 팔리다
5. 급한 전화가
6. 전액 환불이
7. 작아서
8. ④
9. 6개월 정도
10. ④
11. 팔리는
12. 중고
13. 알아보아야
14. 보증을
15. 전문
16. ④
17. ②
18. ③
19. ③
20. 에 비해서
21. 에 따르면
22. 많더군요
23. 얼마나 친절하신지 몰라요
24. 공부했거든요
25. 여행을 할까 해요
26. ③
27. ①
28. ①
29. ②
30. ①

## 제 5 과 날씨와 생활 p.106

### 어휘 I

3. 1) 강우량, 2) 강우량, 3) 강우량, 4) 장마, 5) 폭우, 6) 홍수, 7) 가뭄

### 문법

**1 -던**

1. 2) 예전에 사귀던 남자예요.
   3) 초등학교 때 쓰던 가방이에요.
   4) 어렸을 때 하던 게임이에요.
   5) 작년에 먹던 보약이에요.
   6) 군대에서 입던 옷이에요.
2. 2) 이거 누가 마시던 커피예요?
   3) 내가 하던 이야기 계속 할까?
   4) 어제 만들던 모형비행기 다 만들었니?

**2 -아/어지다**

1. 2) 건강해졌어요.
   3) 느려졌어요.
   4) 흐려졌어요.
   5) 바빠질 거예요.
   6) 한산해져요.
2. 2) 느껴져요.
   3) 꺼졌어요.
   4) 켜졌어요.
   5) 기다려지는
   6) 깨진

**3 "문장"라고 하다**

2. 친구가 "주말에 같이 음악회에 갑시다"라고 했어요.
3. 하숙집 아주머니께서 "어디에서 오셨어요?"라고 하셨어요 / 물으셨어요.
4. 선생님께서 "공부 열심히 하세요."라고 말씀하셨어요.
5. 어머니께서 "집에 일찍 들어와라"라고 말씀하셨어요.
6. 학교 선배가 "한국 음식을 참 잘 먹네요."라고 말했어요.

**4 -(ㄴ/는)다고 하다**

1. 2) 쓰기 시험 점수가 낮아서 한국어능력시험에 떨어졌다고 합니다.
   3) 내일은 제주도 지방에 한차례 소나기가 내리겠다고 합니다.
   4) 한국 부모들은 자녀 교육에는 돈을 아끼지 않는다고 합니다.
   5) 자격증이 많으면 취업하기가 쉽다고 합니다.
   6) 큰 사고가 나서 아마 보험료가 많이 오를 거라고 합니다.
2. 2) 저하고 왕영 씨
   3) 다음 주에 온다고 했어요.
   4) 저

**5 -냐고 하다**

2. 복권이 1등에 당첨된다면 뭘 하고 싶냐고 해요.
3. 한국 문화를 이해하기가 어렵지 않냐고 해요.
4. 학원에 다닐 시간이 없다면 인터넷 강의를 들어보는 건 어떠냐고 해요.
5. 집 찾느라고 힘들이 않았냐고 해요.
6. 한국에서 얼마나 살았냐고 해요.

**6 -(으)ㄴ/는 걸 보니까**

2. (음식이 맛있다)
   ⇨ 손님이 많은 걸 보니까 음식이 맛있나 봐요.
3. (아직까지 공부하다)
   ⇨ 방에 불이 켜져 있는 걸 보니까 아직까지 공부하나 봐요.
4. (재미있다)
   ⇨ 표가 매진된 걸 보니까 재미있나 봐요.
5. (마음이 너그럽다)
   ⇨ 이마가 넓은 걸 보니까 마음이 너그러운가 봐요.
6. (약속 시간에 늦었다)
   ⇨ 급히 나가는 걸 보니까 약속 시간에 늦었나 봐요.

**7 -(으)ㄹ 정도**

2. 모르는 게 없을 정도로
3. 모두 놀랄 정도로
4. 몸을 움직이지 못할 정도로
5. 교과서를 다 외울 정도로
6. 전혀 잠을 못 잘 정도로

**8 ㅅ 불규칙**

2. 나아서
3. 그어
4. 이어
5. 씻으러
6. 빗은
7. 저어도
8. 웃었어요.

**9 -(으)로 인해(서)**

2. 졸음으로 인한/인해서
3. 스트레스로 인한
4. 바이러스로 인해
5. 기름값 인상으로 인해
6. 증가로 인해

**10 만에**

2. 5년 만에 크리스마스에 눈이 왔어요.

3. 5년 만에 그 친구와 연락이 됐어요.
4. 몇 시간 만에 물이 나왔어요.
5. 10년 만에 일기를 썼어요.
6. 3일 만에 학교에 왔어요.

## 듣고 말하기

1. 1) 그칠 것 같지요
   2) 피해가 컸을 거예요
2. 1) 10년 만에
   2) ☑ 전국적으로 피해가 컸다.

## 읽기 I

다음 밑줄 친 말을 참고하여 빈칸을 채우십시오.

1. 탈퇴
2. 취소
3. 이득
4. 희망

다음 글을 잘 읽고 질문에 답하십시오.

1. ☑ 을 통해
2. 크리스마스에 눈이 오면, 행사 기간 동안 새로 가입한 고객들에게 20만원을 되돌려준다.
3. ☑ 고객들이 실망해서
4. ☑ 나

## 읽기 II

다음 글을 잘 읽고 질문에 답하십시오.

1. ☑ 특별한 계획을 세울 때 유용하다.
   ☑ 건강을 지키는 데 도움이 된다.
   ☑ 사고를 예방하는 데 도움이 된다.
2. 하루에도 몇 번씩 기온이 달라지기 때문에
3. 무더위 – 습도가 높은 더위
   열대야 – 기온이 내려가지 않는 더운 밤
   환절기 – 계절이 바뀌는 때
4. ☑ 야간 스키장
5. ☑ 날씨에 대한 관심의 증가와 함께
6. ☑ ㉣ 떨어지다 – 떨다
7. ☑ 생활지수
8. ☑ 사람들이 날씨에 가장 관심을 가지는 때는 환절기이다.

## 어휘 II

1. 1) 틀어
   2) 가입했어요
   3) 안내해
   4) 통제하고
   5) 지연되고
2. 1) 저으세요
   2) 부었어요
   3) 시끄러워서
   4) 그쳤어요
   5) 겪었어요
3. 1) 건조해서
   2) 피해를 입기도
   3) 피서를 떠난다.
   4) 쾌적하다.
   5) 들어서

## 형성 평가

1. 금일
2. 늦여름
3. 입히다
4. 쾌적하다
5. 늦어지는 걸 보니까
6. 서둘러 나오느라고
7. ③
8. ①
9. 오후부터 갠다
10. 이상기후 때문에
11. 환절기
12. 소나기
13. 안개
14. 일교차가
15. 강우량이
16. ③
17. ②
18. ①
19. ③
20. 오는 걸 보니까
21. 다닐 정도로
22. 왔던
23. 갔는 ⇨ 간
24. 낫았어요 ⇨ 나았어요
25. 갈 거라고 ⇨ 갈 거냐고
26. ②
27. ②
28. ②
29. ①
30. ①

## 제 6 과 여행 p.132

### 어휘 I

1. 1) 동남
   2) 서
   3) 남서
   4) 남
   5) 북동
   6) 북
2. 1) 무전여행
   2) 단체 여행
   3) 배낭여행
   4) 도보 여행
   5) 수학여행
   6) 해외여행

### 문법

#### 1 -다니요?

2. 소개해 준 사람을 안 만나다니요?/안 만난다니요? 벌써 세 번이나 만났는데요.
3. 운동을 안 하다니요?/ 했다니요? 두 시간이나 했는데요.
4. 키가 크다니요? 160cm밖에 안 되는데요.
5. 내일이 생일이라니요? 한 달이나 지났는데요.
6. 꽃이라니요? 저는 안 보냈어요.

#### 2 -(으)ㄹ 만하다

2. 서울은 지낼 만해요.
3. 설악산이 가 볼 만해요.
4. 한국 책이 읽을 만해요.
5. 학생식당 음식이 먹을 만해요.
6. 나오코 씨가 믿을 만해요.

#### 3 -더라고요

2. 교수님께서 강릉으로 출장을 가시더라고요.
3. 여의도 공원에 사람이 많더라고요.
4. 뮤지컬이 생각보다 재미있더라고요.
5. 올해는 휴일이 많더라고요.
6. 빌리 씨가 초등학교 때 아이스하키 선수였더라고요.

#### 4 -(으)ㄴ/는 데다가

1. 2) (교통이 발달하다 / 문화 시설이 많다)
   ⇨ 대도시는 교통이 발달한 데다가 문화 시설이 많습니다.
   3) (비싸다 / 건강에 해롭다)
   ⇨ 담배는 비싼 데다가 건강에 해롭습니다.
   4) (값이 싸다 / 물건이 많다)
   ⇨ 할인 매장은 값이 싼 데다가 물건이 많습니다.
   5) (빠르다 / 편리하다)
   ⇨ 지하철은 빠른 데다가 편리합니다.
   6) (학교에서 가깝다 / 돈이 적게 들다)
   ⇨ 기숙사는 학교에서 가까운 데다가 돈이 적게 듭니다.
2. 2) (늦게 나오다 / 길이 막히다)
   ⇨ 늦게 나온 데다가 길이 막혀서 늦었어요.
   3) (머리가 아프다 / 기침이 나다)
   ⇨ 머리가 아픈 데다가 기침이 나서 병원에 가요.
   4) (뜨겁다 / 너무 맵다)
   ⇨ 뜨거운 데다가 너무 매워서 김치찌개를 잘 못 먹어요.

#### 5 -아/어 가지고

1. 2) (한국 회사에 취직하다)
   ⇨ 한국어 공부를 해 가지고 한국 회사에 취직할 거예요.
   3) (노트북을 장만하다)
   ⇨ 돈을 모아 가지고 노트북을 장만할 거예요.
   4) (선생님께 드리다)
   ⇨ 커피를 뽑아 가지고 선생님께 드릴 거예요.
2. 2) (밖에 나가기 싫다)
   ⇨ 날씨가 더워 가지고 밖에 나가기 싫어요.
   3) (공항에 가다)
   ⇨ 부모님이 오셔 가지고 공항에 갔어요.
   4) (비디오를 빌려 보다)
   ⇨ 너무 심심해 가지고 비디오를 빌려 봤어요.

#### 6 -에 따라(서)

2. 가정 환경에 따라서
3. 직업에 따라서
4. 적성에 따라서

#### 7 -(으)므로

2. 눈이 내려 위험하므로 출입을 통제합니다.
3. 이곳은 미성년자 출입 금지 지역이므로 신분증을 제시해야 합니다.
4. 이 컴퓨터는 공동의 재산이므로 소중히 사용합시다.

#### 8 -껏

2. 양심껏
3. 요령껏
4. 기껏

### 듣고 말하기

1. 1) 굳이 주말에 갈 이유는
   2) 너도 같이 가자
2. 1) 지난 주 목요일
   2) ☑ 빌리는 해운대에서 회를 먹었다.

### 읽기 I

● 다음 빈칸에 알맞은 말을 〈보기〉에서 골라 쓰십시오.

1. 낯이 뜨거워요
2. 낯익은
3. 낯을 들
4. 낯이 두꺼운
5. 낯설었어요

● 다음 글을 잘 읽고 질문에 답하십시오.

1. ☑ 일 때문에 집을 떠나 다른 곳에 가는 것
2. 그러나
3. 집을 떠나 낯선 사람들과 함께 지내는 것
4. ☑ 만남

### 읽기 II

● 빈칸에 공통으로 들어갈 말을 쓰십시오.

동사 : 끼다

● 다음 글을 잘 읽고 질문에 답하십시오.

1. ☑ 프랑스-일본-한국
2. ☑ 주말에 해외여행을 자주 한다.
3. ☑ 공휴일이 늘어났다.
4. ☑ 게임 산업
5. ☑ 2003년에 주5일제 법안이 통과되었다.
6. 자기 계발 〉 레포츠 활동 〉 여행

### 어휘 II

1. 1) 낯설지
   2) 드물어요
   3) 부족하면
   4) 부담스러워요
   5) 딱딱한
2. 1) 2박3일
   2) 환전
   3) 발행
   4) 평범한
   5) 아쉬워요
3. 1) 예약해
   2) 대비해서
   3) 불리는
   4) 이국적인
   5) 바라보는

### 형성 평가

1. 목적지
2. 평생
3. 둘러보다
4. 깎이다
5. 꼭 한 번 가 볼 만한
6. 당첨돼 가지고
7. 다음 주 목요일 22일 오후 6시
   다음 주 일요일 25일 저녁 7시 30분
8. ①
9. ②
10. ④
11. 체험
12. 숙박
13. 추억을
14. 경치는
15. 요금
16. 웃는 데다가
17. 사 가지고
18. 지역이므로
19. 에 따라서
20. 껏
21. 많더라고요.
22. 완성하기 어렵다니요?
23. 읽을 만해요.
24. 제출한다니요? ⇨ 제출하라니요?
25. 모른 데다가 ⇨ 모르는 데다가
26. ㉠ 언어, ㉡ 화폐, ㉢ 기후
27. ②
28. ①
29. ④
30. ②

## 제 7 과 정보 p.156

### 어휘 I

1. 1) 홈페이지, 홈페이지
   2) 인터넷, 검색
   3) 채팅
   4) 전자우편

2. 1) 서구화
2) 사회화
3) 정보화
4) 도시화
5) 대중화
6) 세계화

## 문법

### 1 -(으)라고 하다

1. 2) 비서가 여기에서 기다리라고 합니다.
3) 영철 씨가 월요일까지 영철 씨에게/자기에게 회비를 내라고 합니다.
4) 빌리 씨가 이 책을 민정 씨에게 주라고 합니다.
5) 선생님께서 이곳에서 떠들지 말라고 하십니다.
6) 빌리 씨가 다른 친구들에게 약속 장소를 알려 주라고 합니다.
2. 2) 빌리 씨가 천 원만 빌려 달라고 해요.
3) 빌리 씨가 다시 한 번 말해 달라고 해요.
4) 빌리 씨가 빌리 씨 집에/자기 집에 다섯 시까지 와 달라고 해요.

### 3 -(으)ㄹ 텐데

2. 한국 회사에 취직을 할 수 있을 텐데.
3. 만날 수 있었을 텐데.
4. 모델이 될 수 있을 텐데.
5. 자주 여행을 다닐 수 있을 텐데.
6. 고칠 수 있었을 텐데.

### 4 -는 대로

2. 비가 그치는 대로
3. 부장님이 오시는 대로
4. 일이 끝나는 대로

### 5 -기만 하면 (되다)

2. 수업 시간에 열심히 하기만 하면 돼요.
3. 교통 질서를 잘 지키기만 하면 돼요.
4. 운동을 열심히 하기만 하면 돼요.
5. 분리 수거를 잘 하기만 하면 돼요.
6. 즐거운 마음으로 생활하기만 하면 돼요.

### 6 -에 의해서

2. 적성에 의해서
3. 선거에 의해서
4. 필요에 의해서

### 7 피동

2. 쌓였어요
3. 들려서
4. 떨려요
5. 열렸어요
6. 잡혔어요
7. 먹혀요
8. 쫓겼어요
9. 풀려요
10. 뺏겼어요
11. 끊겼을
12. 써져요
13. 깨졌어요
14. 켜졌어요
15. 이루어졌어요

### 8 사동

2. 속였어요
3. 줄였어요
4. 붙이세요
5. 앉혔어요
6. 얼렸어요
7. 알렸어요
8. 남겼어요
9. 맡겼어요
10. 숨겼어요
11. 태웠어요
12. 채웠어요
13. 깨웠어요
14. 웃겼어요

## 듣고 말하기

1. 1) 확인을 못 했어요
2) 출근하는 대로 연락
2. 1) 인터넷 접속이 안 되기 때문에
2) ☑ 나오코는 오늘 이메일 확인을 할 수 없다.

## 읽기 I

알맞게 연결하십시오.

발전을 — 이끌다
정보를 — 얻다
벽을 — 없애다
현실로 — 이루어지다

다음 글을 잘 읽고 질문에 답하십시오.

1. 가 정보화 사회의 등장
나 정보화 사회의 문제점

[다] 정보화 사회의 정의
2. [다] - [가] - [나]
3. ☑ 텔레비전
4. ☑ 하지만
5. ☑ 로, ☑ 를 통해
6. 부정적인 면
7. ☑ 에 따라
8. 정보가 사회 전체의 발전을 이끄는 힘이 되기 때문에

## 읽기 II

● 알맞게 연결하십시오.

| | |
|---|---|
| 장사꾼 | 어떤 일이나 사건을 구경하는 사람을 말합니다. |
| 사냥꾼 | 물건 파는 일을 직업으로 하는 사람을 말합니다. |
| 구경꾼 | 재주가 뛰어난 사람이나 재주를 부리는 사람을 말합니다. |
| 재주꾼 | 사냥하는 사람이나 사냥을 전문적으로 하는 사람을 말합니다. |

(연결: 장사꾼 – 물건 파는 일을 직업으로 하는 사람을 말합니다. / 사냥꾼 – 사냥하는 사람이나 사냥을 전문적으로 하는 사람을 말합니다. / 구경꾼 – 어떤 일이나 사건을 구경하는 사람을 말합니다. / 재주꾼 – 재주가 뛰어난 사람이나 재주를 부리는 사람을 말합니다.)

● 다음 글을 잘 읽고 질문에 답하십시오.
1. ☑ 브라우저
2. ☑ 역시
3. ☑ 인터넷에 잘못된 정보가 많은 것
4. 쓰레기 같은 정보는 버리고 필요한 정보만을 고를 수 있는 사람
5. ☑ 처럼
6. 읽을 만한 가치가 있는 정보와 읽을 가치가 없는 정보를 구분하는 기술

## 어휘 II

1. 1) 숨겨
   2) 비워
   3) 작성해서
   4) 등록했어요
   5) 극복하기
2. 1) 신속하게
   2) 재워 놓고
   3) 감자마자
   4) 전자
   5) 시청각실
3. 1) 열람
   2) 대출
   3) 반납
   4) 출판
   5) 신청

## 쓰기 I

① 상품 판매를 목적으로 인쇄물이나 방송을 통해 정보를 전달하는 것이다.
② 신문, 광고지
③ 라디오, 텔레비전, 인터넷
④ 긍정적 기능
⑤ 소비의 증가
⑥ 다양한 정보
⑦ 부정적인 면
⑧ 충동구매
⑨ 유행
⑩ 소비자의 입장
⑪ 부정적인 기능

## 형성 평가

1. 역할
2. 경쟁력
3. 없애다
4. 의존하다
5. 편리합니다
6. 쓴다고들 하던데
7. 해외 판매 실적을 보고해야 한다.
8. ④
9. ②
10. 컴퓨터 환경의 발달
11. 검색하세요
12. 저장해
13. 인쇄해
14. 채팅해
15. 입력하면
16. ④
17. 배운 대로
18. 들어올 텐데
19. 떠나기만 하면 돼요
20. 뽑혔어요
21. 살리려고 / 살리기 위해
22. 채우고
23. 익혀서
24. 간다고 했어요 ⇨ 가자고 했어요
25. 정보에 의해 ⇨ 정보에 의한
26. ③
27. 빌릴 수 있다

28. ③
29. ②
30. ④

## 제 8 과 편지 p.178

### 어휘 I

1. 1) 불규칙
   2) 불합격
   3) 불친절
   4) 불성실
2. 1) 부재중
   2) 부조화, 부조화
   3) 부동산
   4) 부정확

### 문법

**1 -(으)ㄴ/는 김에**

2. 깎아 주는 김에 1,000원만 더 깎아 주세요.
3. 빌려 준 김에 하루만 더 빌려 주세요.
4. 백화점에 나온 김에 친구 생일 선물을 샀어요.

**3 -더라도**

2. 바쁘더라도 연락 좀 자주 해라.
3. 나보다 나이가 어리더라도 처음에는 반말을 하면 안 됩니다.
4. 엄마가 없더라도 아버지 말씀 잘 듣고 밥 잘 먹어라.

**4 어차피 -(으)니까**

2. 나 : 어차피 늦었으니까 아침밥을 먹고 갈 거예요.
   다른 사람 : 어차피 늦었으니까 아침밥을 먹고 가세요.
3. 나 : 어차피 밖에 못 나가니까 방에서 텔레비전이나 실컷 볼 거예요.
   다른 사람 : 어차피 밖에 못 나가니까 방에서 텔레비전을 실컷 보세요.
4. 나 : 어차피 다른 사람과 결혼하니까 깨끗하게 잊을 거예요.
   다른 사람 : 어차피 다른 사람과 결혼하는 사람이니까 깨끗하게 잊으세요.

**5 -에다(가)**

2. 제 친구는 이제 겨우 25살인데 집에다가 차까지 있어요.
3. 저 여자는 목걸이에다가 귀고리까지 했어요.
4. 빵에다가 크림을 발라 먹어요.
5. 김치찌개에다가 돼지고기를 넣어요.
6. 책에다가 적지 말고 공책에 쓰세요.

**6 -(으)로는 -이/가 그만이다**

2. 데이트 장소로는 놀이 공원이 그만이에요.
3. 취미로는 영화 감상이 그만이에요.
4. 간식으로는 떡볶이가 그만이에요.
5. 애완 동물로는 강아지가 그만이에요.
6. 100일 선물로는 반지가 그만이에요.

**7 -보고/더러**

2. 손님이 아저씨보고 주문 좀 받으랍니다.
3. 아저씨가 아이보고 회기역이 어딘지 아냐고 묻습니다.
4. 선생님께서 학생보고 수업 시간에 한국말만 쓰랍니다.

**8 -만 하다**

2. 방이 얼마나 작은지 손바닥만 해요.
3. 배가 얼마나 큰지 남산만 해요.
4. 얼마나 놀랐는지 가슴이 콩알만 해졌어요.

**9 -고 나서**

2. 유학을 떠났어요
3. 한국 영화를 좋아하게 되었어요
4. TV를 볼 거예요

**10 -는 한**

2. 가족이 있는 한
3. 회사를 그만두지 않는 한
4. 친구들이 있는 한
5. 핵전쟁이 일어나지 않는 한
6. 내가 살아있는 한

### 듣고 말하기

1. 1) 소포 부치러
   2) 우표까지 붙여서
2. 1) 마음을 전하기 위해
   2) ☑ 한수는 아내와 싸웠다

### 읽기 I

알맞게 연결하십시오.

| | |
|---|---|
| 개강 | 병원, 약국, 식당 등이 처음으로 문을 열다 |
| 개교 | 새 영화를 처음으로 상영하다 |
| 개봉 | 강의나 수업을 시작하다 |
| 개업 | 학교를 만들어 처음으로 문을 열다 |

다음 글을 잘 읽고 질문에 답하십시오.

1. 가 연하장, 나 돌 초청장, 다 개업 초청장, 라 청첩장
2. ☑ 가
3. ☑ 나 - ④
4. 아기의 첫돌
5. ☑ 바쁘실 텐데
6. ☑ 이번에
7. 박동건, 이민정

## 읽기 II

다음 빈칸에 알맞게 쓰십시오.

1. 손짓
2. 발짓
3. 몸짓
4. 눈짓
5. 고갯짓
6. 어깻짓

다음 글을 잘 읽고 질문에 답하십시오.

1. ☑ 쌀쌀한
2. ☑ 서투르다(서투른)
3. 여러 가지 할 일이 많았기 때문에
4. ☑ 쌀쌀한 날씨
5. ☑ 이야기꽃
6. ☑ 하숙집 친구들과 지내는 것이 재미있다.
7. ☑ 올림

## 어휘 II

1. 1) 인쇄하세요
   2) 나누어
   3) 알릴
   4) 고민했지만
   5) 무시하지
2. 1) 공적
   2) 불행
   3) 부치러
   4) 괜히
   5) 낙관적
3. 1) ㉣
   2) ㉠
   3) ㉡
   4) ㉢

## 형성 평가

1. 불행
2. 호칭
3. 불안하다
4. 보완하다
5. 늦은 것 같으니까
6. 불안해져서 어떻게 할까
7. ②
8. 결혼기념일을 잊어버려서
9. 편지지, 봉투, 우표
10. ①
11. 감동을
12. 전달
13. 사과
14. 고백
15. 오해를
16. ②
17. 본 김에
18. 신청하고 나서
19. 없더라도
20. 바꾸지 않는 한
21. 어차피 늦었으니까 / 어차피 준비를 못 했으니까
22. 아르바이트로는 과외가 그만이에요.
23. 우리나라도 선진국이 될 수 있다고들 하던데요.
24. 나오는 ⇨ 나온
25. 온댔어요 ⇨ 오라고 하셨어요.
26. ②
27. ④
28. 시간이 많이 걸린다
29. ②
30. ①

# 듣기 지문

## 제 1 과 첫인상 p.13

### 듣고 말하기 p.21

빌 리 : 왕영 씨, 새로운 반 선생님하고 친구들은 어때요?
왕 영 : 우리 반 선생님은 첫인상이 참 좋아요.
선생님을 만난 지 2 주일쯤 됐는데 벌써 좋아하게 됐어요.
빌 리 : 그래요? 저도 회사에 가면 사람들에게 그런 인상을 줄 수 있을까요?
왕 영 : 물론이죠. 빌리 씨도 첫인상이 참 좋았어요.
빌 리 : 고마워요. 참, 반 친구들의 첫인상은 어때요?
왕 영 : 이탈리아에서 온 친구가 있는데 영화 배우처럼 멋있게 생겼어요. 아마 여자 친구들에게 인기가 많을 것 같아요.
빌 리 : 다른 친구들에 대해서도 이야기해 주세요.
왕 영 : 일본에서 온 친구는 착하게 생겼고, 미국에서 온 친구는 점잖게 생겼어요.
빌 리 : 왕영 씨 이야기를 들으니까 저도 그 친구들을 만나 보고 싶어요.

### 형성 평가 p.31

〈듣기 1〉

관상은 얼굴의 모양으로 그 사람의 성격이나 운명을 맞추는 것입니다. 관상에서 제일 중요한 것은 눈입니다. 반짝반짝 빛나는 눈을 가진 사람은 머리가 좋습니다.

하지만 눈이 너무 큰 사람은 겁이 많고, 눈이 위로 올라간 사람은 성격이 별로 좋지 않습니다. 또 이마가 넓은 사람은 마음이 착하고, 귀가 큰 사람은 오래 삽니다. 코가 잘 생기면 재산과 명예를 얻고, 입가에 점이 있으면 먹을 복이 있습니다.

〈듣기 2〉

빌 리 : 왕영 씨, 새로운 반 선생님하고 친구들은 어때요?
왕 영 : 우리 반 선생님은 첫인상이 참 좋아요.
선생님을 만난 지 2 주일쯤 됐는데 벌써 좋아하게 됐어요.
빌 리 : 그래요? 저도 회사에 가면 사람들에게 그런 인상을 줄 수 있을까요?
왕 영 : 물론이죠. 빌리 씨도 첫인상이 참 좋았어요.

〈듣기 3〉

빌 리 : 고마워요. 참, 반 친구들의 첫인상은 어때요?
왕 영 : 이탈리아에서 온 친구가 있는데 영화 배우처럼 멋있게 생겼어요, 아마 여자 친구들에게 인기가 많을 것 같아요.
빌 리 : 다른 친구들에 대해서도 이야기해 주세요.
왕 영 : 일본에서 온 친구는 착하게 생겼고, 미국에서 온 친구는 점잖게 생겼어요.
빌 리 : 왕영 씨 이야기를 들으니까 저도 그 친구들을 만나 보고 싶어요.

## 제 2 과 취미 p.36

### 듣고 말하기 p.46

빌 리 : 나오코, 어제 축구 봤어?
나오코 : 어제? 어제 축구 경기 있었어?
빌 리 : 응, 한국하고 이탈리아의 경기였는데, 한국이 두 골 넣었어.
나오코 : 그래? 그래서 한국이 이겼니?
빌 리 : 이탈리아가 후반전에 한 골 넣기는 했지만 결국 한국이 이겼어.
나오코 : 너도 축구할 줄 알아?
빌 리 : 그럼, 할 줄 알지. 하지만 직접 하는 것보다 보는 게 더 좋아.
나오코 : 그래도 직접 하는 게 더 재미있지 않아?
빌 리 : 그렇기는 하지만 경기를 보면서 열심히 응원하면 스트레스가 풀려.

### 형성 평가 p.55

〈듣기 1〉

한 수 : 나오코는 취미가 뭐야?
나오코 : 볼링이요.
한 수 : 그래? 그럼 볼링을 잘 치겠구나!
나오코 : 아니요, 잘 치지는 못해요. 선배님은 볼링 칠 줄 아세요?
한 수 : 아니, 보는 건 좋아하지만 아직 한 번도 못 쳐 봤어. 나오코는 볼링장에 자주 가니?

나오코 : 아니요, 가고 싶기는 하지만 요즘은 바빠서 통 못 가요. 그런데 선배님은 뭘 좋아하세요?
한　수 : 나는 바둑이 취미야.

〈듣기 2〉

대부분의 사람들은 취미를 가지고 있습니다. 어떤 사람들은 동전이나 우표를 수집하고, 또 어떤 사람들은 영화나 음악을 감상합니다. 운동이나 여행을 즐기는 사람도 있습니다. 하지만 돈이나 시간 때문에 취미 생활을 못 하는 사람도 있습니다.

사람들은 왜 취미 생활을 하는 것일까요? 가장 큰 이유는 취미를 통해 즐거움을 얻기 때문입니다. 취미 생활은 자신이 좋아서 하는 일이기 때문에 스트레스를 주지 않습니다. 오히려 스트레스를 푸는 데 도움을 줍니다. 그러므로 몸과 마음의 건강을 위해 취미 생활을 하는 것이 좋습니다.

## 제 3 과 직장 생활 p.60

### 듣고 말하기 p.68

과장 : 자, 여러분! 먼저 신입사원 인사부터 들어볼까요?
빌리 : 안녕하세요? 저는 이번에 새로 입사한 빌리 화이트라고 합니다. 한국 사람들과 함께 일을 하고 싶어서 1년 전에 한국에 왔습니다. 그동안 한국어를 열심히 공부했지만 아직 좀 부족합니다. 많이 도와주십시오.
대리 : 미국에서도 한국어를 공부했나 봐요? 정말 잘하시네요.
빌리 : 네, 미국에서도 한 2년 공부했었습니다.
대리 : 한국어 발음이 참 좋은데 어떻게 공부했어요? 저도 영어를 공부하고 있는데 아무리 연습해도 발음이 좋아지지 않아서요.
빌리 : 저도 뭐 특별한 방법은 없었어요.
과장 : 그런 이야기는 다음에 하기로 하고 먼저 건배부터 합시다. 빌리 씨도 한국에서 술 많이 마셔 봤지요?
빌리 : 네, 한국에 오자마자 친구들한테 한국의 주도에 대해서 배웠습니다. 과장님 먼저 한 잔 받으십시오.

### 형성 평가 p.79

〈듣기 1〉

나오코 : 정말 오랜만이다. 회사 생활은 어때?
빌　리 : 하루 종일 바쁘기는 한데, 아직 뭐가 뭔지 잘 모르겠어. 대학원 생활은 재미있니?
나오코 : 아직 한국말이 서툴러서 수업 내용을 이해하기가 힘들어.
빌　리 : 그래? 그럼, 발표나 리포트는 어떻게 해?
나오코 : 민정이라는 친구가 많이 도와주고 있어. 이따가 만나기로 했는데, 같이 갈까?
빌　리 : 오늘은 안 될 것 같아. 회사에 다시 돌아가 봐야 돼.

〈듣기 2〉

빌리 : 안녕하세요? 저는 이번에 새로 입사한 빌리 화이트라고 합니다. 한국 사람들과 함께 일을 하고 싶어서 1년 전에 한국에 왔습니다. 그동안 한국어를 열심히 공부했지만 아직 좀 부족합니다. 많이 도와주십시오.
대리 : 미국에서도 한국어를 공부했나 봐요? 정말 잘하시네요.
빌리 : 네, 미국에서도 한 2년 공부했었습니다.
대리 : 한국어 발음이 참 좋은데 어떻게 공부했어요? 저도 영어를 공부하고 있는데 아무리 연습해도 발음이 좋아지지 않아서요.
빌리 : 저도 뭐 특별한 방법은 없었어요.

## 제 4 과 환불 p.84

### 듣고 말하기 p.93

판매원 : 어서 오세요. 뭘 찾으세요?
나오코 : 지난 주에 제가 여기에서 화장품을 샀는데 그걸 바른 후부터 얼굴에 자꾸 뭐가 나요.
판매원 : 그래요? 가끔 피부에 따라 잘 안 맞는 경우가 있거든요.
나오코 : 오늘 아침에도 발랐는데, 얼굴이 빨갛게 되면서 얼마나 아팠는지 몰라요.
판매원 : 정말 죄송합니다.
나오코 : 그래서 다른 제품으로 바꿔 볼까 하는데요. 교환이 되나요?
판매원 : 그럼요. 교환해 드립니다. 손님, 이 제품을 한번 써 보시겠어요? 저도 이걸 사용하고 있는데 아주 순하고 부드러워요.
나오코 : 그래요? 그럼 이걸로 바꿀게요. 하지만 또 부작용이 생기면 환불해 주셔야 해요?
판매원 : 네, 문제가 생기면 아무 때나 오세요.

### 형성 평가 p.101

〈듣기 1〉

판매원 : 어서 오세요. 어떤 걸 찾으세요?
민　정 : 저, 그저께 이 친구가 여기서 옷을 샀는데, 작아서 교환하고 싶다고 해서요.
나오코 : 집에서 입어 보니까 좀 작더군요. 한 사이즈 더 큰 걸로 바꿀 수 있을까요?
판매원 : 잠깐만 기다려 보세요. 죄송합니다만, 그 사이즈는 모두 팔리고 없네요.
나오코 : 그럼, 환불이 되나요?
판매원 : 일주일이 넘지 않았으니까 환불을 해 드리겠습니다. 영수증은 가지고 오셨죠?
나오코 : 네, 여기 있어요.
판매원 : 그럼 여기 환불 카드에 성함하고 주소를 적어 주세요.

〈듣기 2〉

빌리 : 노트북 컴퓨터를 사고 싶은데, 어디에서 사면 좋을까요?
영철 : 글쎄요. 회사 근처에도 컴퓨터를 파는 곳이 있지만, 아무래도 전문 상가에 가면 싸게 살 수 있을 거예요.
빌리 : 거기 가면 중고 컴퓨터도 살 수 있나요?
영철 : 물론이죠. 하지만 잘 알아보고 사야 돼요. 마침 제가 잘 아는 집이 있는데 소개해 줄까요?
빌리 : 잘 됐네요. 고마워요. 요즘 컴퓨터 때문에 걱정이 많았거든요. 그런데 애프터서비스 기간은 보통 언제까지인가요?
영철 : 중고는 보통 6개월 정도 보증을 해 줍니다.

## 제 5 과 날씨와 생활 p.106

### 듣고 말하기 p.115

민　정 : 일주일째 계속 내리던 비가 오늘은 그칠 것 같지요?
나오코 : 네, 오늘 아침에 일기예보를 들었는데 오후부터 갠다고 하더라고요.
민　정 : 지난주 내내 지겨울 정도로 비가 많이 내렸잖아요.
나오코 : 저도 뉴스에서 들었는데, 이번 비로 인한 피해가 아주 컸대요.
민　정 : 그래요. 집이 떠내려갈 정도로 비가 많이 왔으니까 정말 피해가 컸을 거예요.
나오코 : 이렇게 비가 많이 내린 건 십 년 만에 처음이라고 들었어요. 요즘은 정말 날씨가 이상한 것 같아요.
민　정 : 그러게요. 요즘은 전세계적으로 이상기후 때문에 문제예요.

### 형성 평가 p.127

〈듣기 1〉

민　정 : 어, 나오코 씨! 목소리가 달라진 걸 보니까 감기 걸렸나 봐요?
나오코 : 네, 날씨도 따뜻한데 이상하게 감기에 걸렸어요.
민　정 : 환절기고 너무 건조해서 그래요. 밤에 가습기 틀고 자요?
나오코 : 아니요. 집에 가습기가 없어요. 좀 비싸다고 해서 아직 못 샀어요.
민　정 : 그럼, 젖은 빨래를 널어 놓고 주무세요. 빨래가 없으면 물그릇도 괜찮고요.
나오코 : 아, 그런 방법이 있었군요.
민　정 : 그리고 따뜻한 물을 자주 마시고 과일도 많이 드세요. 감기에 좋대요.

〈듣기 2〉

민　정 : 일주일째 계속 내리던 비가 오늘은 그칠 것 같지요?
나오코 : 네, 오늘 아침에 일기예보를 들었는데 오후부터 갠다고 하더라고요.
민　정 : 지난 주 내내 지겨울 정도로 비가 많이 내렸잖아요.
나오코 : 저도 뉴스에서 들었는데, 이번 비로 인한 피해가 아주 컸대요.
민　정 : 그래요. 집이 떠내려갈 정도로 비가 많이 왔으니까 정말 피해가 컸을 거예요.
나오코 : 이렇게 비가 많이 내린 건 십 년 만에 처음이라고 들었어요. 요즘은 정말 날씨가 이상한 것 같아요.
민　정 : 그러게요. 요즘은 전세계적으로 이상기후 때문에 문제예요.

## 제 6 과 여행 p.132

### 듣고 말하기 p.139

나오코 : 빌리, 여행은 잘 다녀왔어?
빌　리 : 응, 방학이라서 여행 온 사람들이 정말 많더라.
나오코 : 주말에 갔다 왔지?
빌　리 : 주말이라니? 주말에는 교통도 복잡한 데다가 차비도 더 비싼데 굳이 주말에 갈 이유는 없잖아.
나오코 : 언제 어디로 갔었어?
빌　리 : 지난 주 목요일에 1박 2일로 부산에 갔다 왔어.
나오코 : 부산? 재미있었겠다. 어디가 좋았어?
빌　리 : 나는 해운대랑 태종대가 제일 볼 만하더라고. 부

산에 도착하자마자 해운대에 가서 바다를 구경했어. 사람이 많기는 했지만 바다는 아름답더라. 그리고 다음날은 태종대에 갔었어. 태종대에서는 회를 먹었는데 주인 아주머니께서 많이 주셔 가지고 실컷 먹었어.
나오코 : 좋았겠다.
빌 리 : 응, 좋은 추억이 된 것 같아. 다음에는 너도 같이 가자.

### 형성 평가 p. 151

〈듣기 1〉

직 원 : 감사합니다. 나래 여행사입니다.
나오코 : 안녕하세요. 도쿄 가는 비행기 표를 예매하려고 하는데요.
직 원 : 네, 언제 가실 예정이세요?
나오코 : 다음 주 목요일 오후에 가서 일요일 저녁에 돌아올 예정인데요. 아직 좌석이 있나요?
직 원 : 잠깐만 기다리세요. 다음 주 목요일 22일 오후에는 3시, 6시가 있고요. 일요일 25일 저녁에는 7시 30분발 비행기만 있네요.
나오코 : 그러면 22일 오후 6시하고, 25일 7시 30분 비행기로 예약해 주세요.

〈듣기 2〉

해외 여행 준비는 어떻게 하는 것이 좋을까? 먼저 환전은 필요한 만큼만 달러로 바꾸거나 여행자 수표를 구입하는 것이 좋다. 여행자 수표는 은행에서 구입할 수 있으며 현금보다 안전하다. 도난이나 분실에 대비하여 수표를 발행한 은행 이름과 발행 월일, 수표 번호를 메모해 두는 것이 좋다.

옷차림은 목적지의 기후에 따라 준비해야 한다. 동남아시아 등 더운 나라를 여행할 때도 일교차가 심하므로 긴소매 셔츠 한두 장은 준비해야 한다. 이 외에도 비가 올 때를 대비하여 우산을 준비해야 하며, 모자와 선글라스는 필수품이다.

## 제 7 과 정보 p. 156

### 듣고 말하기 p. 163

민 정 : 나오코 씨, 어제 제가 보낸 이메일 받았어요?
나오코 : 이메일이요? 아직 확인을 못 했어요. 요즘 집에서 인터넷 접속이 안 되거든요.
민 정 : 왜요? 통신 회사에 전화는 했어요?
나오코 : 네, 내일 기사 아저씨가 출근하는 대로 연락 준다고 했어요. 보고서 때문에 내일은 꼭 고쳐야 할 텐데, 걱정이에요.
민 정 : 컴퓨터에 다른 문제가 있는 건 아니죠?
나오코 : 네, 혹시 컴퓨터에 문제가 있을지 몰라서 서비스 센터에 연락을 했는데 컴퓨터에는 이상이 없대요. 인터넷이 되기만 하면 되는데.
민 정 : 그럼, 오늘은 이메일 확인이 어렵겠네요.
나오코 : 네. 이메일 확인도 못하는 데다가 오늘 일본에 있는 친구와 인터넷 대화방에서 만나기로 했는데 그것도 못하게 됐어요.
민 정 : 그래요? 그럼 고치는 대로 이메일 확인하고 저에게 연락주세요.

### 형성 평가 p. 173

〈듣기 1〉

영철 : 빌리 씨, 요즘 무슨 일 있어요?
빌리 : 실은 과장님께서 시키신 일이 하나 있는데, 어떻게 해야 될지 몰라서요.
영철 : 무슨 일인데요?
빌리 : 해외 판매 실적을 이번 주까지 정리해서 보고하라고 하셨어요.
영철 : 큰일이네요. 일이 적지 않을 텐데. 얼마나 했어요?
빌리 : 지사별로 팩스는 보냈어요.
영철 : 그러면 회신이 오는 대로 정리하기만 하면 되잖아요. 뭐가 걱정이에요?
빌리 : 어떻게 보고서를 작성해야 될지 몰라서요.
영철 : 나한테 좋은 생각이 있어요. 작년에 보고한 게 있으니까 그걸 참고하면 될 거예요.

〈듣기 2〉

우리는 보통 텔레비전과 신문, 인터넷 등을 통해 뉴스를 듣습니다. 사람들에게 가장 쉽고 편리하게 뉴스를 전해 주는 매체는 텔레비전입니다.

하지만 텔레비전 뉴스는 소식을 짧게 전달하기 때문에 자세한 내용은 알 수 없습니다. 더 자세한 내용을 알고 싶으면 신문을보는 것이 좋습니다. 최근에는 컴퓨터 환경의 발달로 인터넷을 이용하는 사람들이 늘고 있습니다.

## 제 8 과 편지 p. 178

### 듣고 말하기 p. 185

한 수 : 나오코, 어디 가니?
나오코 : 소포 부치러 우체국에 가는 중이에요.
한 수 : 그래? 그럼 우체국에 가는 김에 이것도 좀 부쳐 주겠니?

나오코 : 뭐예요?
한 수 : 어제 밤새 쓴 편지야.
나오코 : 누구한테 쓰셨는데, 밤새 쓰셨어요?
한 수 : 응, 애기 엄마한테.
나오코 : 선배님은 부인에게도 편지를 쓰세요? 그것도 편지지에다가 우표까지 붙여서? 정말 자상하시네요.
한 수 : 사실은 결혼기념일을 잊어버려서 아내와 좀 싸웠거든.
나오코 : 그럼 직접 만나서 이야기하는 것이 더 좋지 않을까요?
한 수 : 그것도 좋기는 한데, 마음을 전하는 데는 편지가 그만이라는 생각이 들어서.

## 형성 평가

p.195

〈듣기 1〉

한 수 : 나오코, 어디 가니?
나오코 : 소포 부치러 우체국에 가는 중이에요.
한 수 : 그래? 그럼 우체국에 가는 김에 이것도 좀 부쳐주겠니?
나오코 : 뭐예요?
한 수 : 어제 밤새 쓴 편지야.
나오코 : 누구한테 쓰셨는데, 밤새 쓰셨어요?
한 수 : 응, 애기 엄마한테.
나오코 : 선배님은 부인에게도 편지를 쓰세요? 그것도 편지지에다가 우표까지 붙여서? 정말 자상하시네요.
한 수 : 사실은 결혼기념일을 잊어버려서 아내와 좀 싸웠거든.
나오코 : 그럼 직접 만나서 이야기하는 것이 더 좋지 않을까요?
한 수 : 그것도 좋기는 한데, 마음을 전하는 데는 편지가 그만이라는 생각이 들어서.

〈듣기 2〉

사랑과 감사의 마음을 전하는 방법 중에 편지만한 것이 있을까? 편지는 그 어떤 선물보다도 받는 사람에게 깊은 감동을 줄 수 있다. 하지만 편지에는 단점도 많다. 가장 큰 단점은 시간이 많이 걸린다는 것이다.

왜냐하면 편지지와 봉투, 우표 등 준비해야 할 것이 많고, 편지를 쓸 때도 시간이 많이 걸리며, 편지가 도착하는 데에도 적지 않은 시간이 필요하기 때문이다. 이런 단점을 보완하기 위해서 빠른 우편이나 등기, 전보 등 특별한 우편 배달 방법이 등장했다. 최근에는 집이나 사무실까지 직접 편지나 물건을 전달해 주는 택배가 높은 인기를 얻고 있다.

**집　필** 김 중 섭
경희대학교 국제교육원 원장
경희대학교 국어국문학과 박사

이 정 희
경희대학교 국제교육원 한국어교육부장
경희대학교 국어국문학과 박사

김 영 란
서울대학교 국어교육연구원 선임연구원
상명대학교 국어국문학과 박사

장 미 라
경희사이버대학교 교수
경희대학교 국어국문학과 박사 수료

최 문 석
경희대학교 국제교육원 객원 조교수
경희대학교 국어국문학과 박사 수료

**표지 디자인** 신 영 성
현대미술가, 경희대학교 국제교육원 겸임교수
문화・예술 공동체 www.korea-art.biz 대표

**삽　화** 이 미 경
성신여자대학교 서양화과 졸업

# 혼자 공부하는 한국어 중급I

**발행일** : 초판 1쇄 2004년 12월 31일
초판 2쇄 2007년 1월 10일
초판 3쇄 2007년 10월 2일
초판 4쇄 2009년 2월 16일
초판 5쇄 2010년 4월 2일
초판 6쇄 2012년 7월 3일
초판 7쇄 2014년 9월 22일

**지은이** : 김중섭, 이정희, 김영란, 장미라, 최문석 공저
· http://iie.khu.ac.kr · E-mail : iie@khu.ac.kr
· TEL : 02-961-0081/2 · FAX : 02-959-9018
**발행처** : 경희대학교 출판문화원
**등　록** : 1977년 11월 8일 제6-5호
**주　소** : 서울특별시 동대문구 경희대로 26 우편번호 130-701
· http://www.khupress.com
· E-mail : press@khu.ac.kr
· TEL : 02-961-0106~8 · FAX : 02-962-8840

ISBN 978-89-8222-129-3
ISBN 978-89-8222-126-2 (세트)

값 16,000원 (CD 포함)